Ulrike Marie Meinhof

Die Würde des Menschen ist antastbar

Foto: Ullstein Bilderdienst

Ulrike Marie Meinhof

Die Würde des Menschen ist antastbar

Aufsätze und Polemiken

Mit einem Nachwort von Klaus Wagenbach

Protest + Widerstand
In Memoriam Petra Kelly

Verlag Klaus Wagenbach Berlin

Editorische Notiz

Die Texte dieses Bandes entstanden in den Jahren 1959 bis 1969. Mit Ausnahme der Aufsätze »Provinz und kleinkariert« und »Falsches Bewußtsein« erschienen sie alle in der Zeitschrift ›konkret‹, in der Ulrike Marie Meinhof von 1962 bis 1964 auch Chefredakteurin war.

Diese Auswahl von Kolumnen, Berichten, Reportagen und Polemiken, deren Schwerpunkt auf den programmatischen Texten liegt, wurde wenige Jahre nach ihrem Tod zusammengestellt.

Die Texte sind ungekürzt, datiert und (bis auf stillschweigende Rechtschreibkorrekturen) unverändert. Namen und Ereignisse, die heute nicht mehr als bekannt vorausgesetzt werden können, sind nach jedem Artikel kurz erläutert.

Wagenbachs Taschenbuch 202
59.-62. Tausend August 1995

Verlag Klaus Wagenbach, Ahornstraße 4, 10787 Berlin
Umschlaggestaltung Rainer Groothuis
unter Verwendung eines Fotos vom Ullstein Bilderdienst, Berlin
Das Karnickel auf Seite 1 zeichnete Horst Rudolph
Druck/Bindung durch die Druckerei Wagner, Nördlingen
Gedruckt auf chlor- und säurefreiem Papier

ISBN 3 8031 2202 3

Inhalt

Der Friede macht Geschichte

Zwei Ereignisse des Monats September haben die Bevölkerung unseres Planeten in atemberaubende Spannung versetzt, haben auf dem Feld wissenschaftlicher und politischer Bemühungen Perspektiven eröffnet, deren eine der Menschheit bisher nur im Traum erschienen, deren andere den Menschen bis vor kurzem als Illusion im Gewand der Hoffnungslosigkeit vorgekommen war. Es ist gelungen, ein von Menschenhand gemachtes Ding auf den Mond zu schießen, und es ist gelungen, das Startzeichen für eine neue Konzeption internationaler Verhandlungen über die Fragen von Entspannung, Frieden und Koexistenz in breitester Front von Camp David aus abzugeben.

Und wenn sich Adenauer von der sowjetischen Mondrakete nicht imponieren lassen will, so stellt er nur einmal mehr die spießbürgerliche Mediokrität seiner politischen Intentionen unter Beweis, und auch die Reise des Herrn Strauß nach Kanada zum Zweck des Studiums von Waffen der Luftverteidigung und von Verhandlungen über eine rüstungswirtschaftliche Zusammenarbeit erscheint nur noch als hilfloses Störmanöver am Rande der Weltpolitik, konnte nur noch als taktlos empfunden werden.

Chruschtschow reiste nach Amerika. Der Ministerpräsident und Erste Sekretär der Kommunistischen Partei der Sowjetunion war Gast in der Hochburg des kapitalistischen Westens, dem Ursprungsland des McCarthysmus.

Einen ersten Begriff für die Bedeutung dieses Besuches wird man kaum anders gewinnen können, als aus der Konfrontation mit historisch gewordenen Leitbildern der Ost-West-Politik, von denen sich diese Reise mit der Wende, die sie auf höchster Ebene eingeleitet hat, abhebt:

Konnte man noch bis vor kurzem in den Veröffentlichungen des Foreign Office ebenso wie in den Spalten des Rheinischen Merkur den innenpolitischen Gegner als »Ko-Existenzler« entlarvt sehen, so bewarben sich jetzt während der Reise Chruschtschows durch Amerika die Staatsmänner dieses Landes um das Monopol jener Ideen der ehemals Beschimpften, wetteiferten mit Chruschtschow um die Glaubwürdigkeit bei der Proklamation eines Gedankengutes, dessen Realisierung die Möglichkeit eines Krieges endgültig ausschalten wird, dessen Verkündung der Ära des Kalten Krieges den Gnadenstoß versetzt hat. Weiter: Das Gefühl des Gruselns, das manch einem Amerikaner noch gekommen sein mag, als er den Chef des Kreml leibhaftig erblickte, schlug um im Verlauf von wenigen Tagen in den jubelnden Applaus für den Staatsmann eines anderen mächtigen Landes, mit dem man sich eingelassen hat, weil die Entscheidung gegen den Krieg, für Koexistenz gefallen ist. Der Gegner wurde zum Partner; die Einsicht, daß es besser ist, *mit*einander zu leben, will man *über*leben, ist durchgebrochen; der Wille zur Verhinderung des Krieges hat gesiegt über den Unwillen gegenüber der Weltanschauung des Kommunisten.

Chruschtschow hat sich bemüht, dem amerikanischen Volk und seinen Politikern deutlich zu machen, daß die Sowjetunion den Abbau des Kalten Krieges ernstlich wünscht, und ist schließlich auf Verständnis und Sympathie gestoßen. Daß er dabei von realen Interessen wirtschaftlicher und politischer Art geleitet war, das gibt seinen teils freundlichen, teils unwirschen Reden die Basis, hebt sie aus dem Bereich der Willkür auf die Ebene der Notwendigkeit, entzieht etwaigen Befürchtungen vor Vertragsbrüchen und Aggressionsmanövern den Boden.

Eisenhower ist es gelungen, die innenpolitischen Querulanten zum Schweigen zu bringen, und er hat seinen Gast empfangen wie einen Freund, mit dem es eine gemeinsame Aufgabe zu lösen gilt. Am Beispiel der Gespräche in Camp David hat er die Wende der amerikanischen Politik demonstriert, dem Willen für Frieden, Entspannung und Koexistenz im eigenen Land zum Durchbruch verholfen.

Wichtiger noch als dieser Wandel der politischen Leitgedanken sind die Verhandlungsgegenstände von Camp David, Vorschläge und faktischen Zugeständnisse, die beim Besuch Chruschtschows in Amerika zur Sprache kamen und ausgehandelt wurden.

Chruschtschow eröffnete das Gespräch, als er vom Rednerpult der UNO-Vollversammlung herab seinen sensationellen Vorschlag zu einer allgemeinen, kontrollierten Abrüstung vortrug, der geeignet wäre, das Spiel mit dem Weltbrand endgültig und für immer auszuschalten. Vor dem gleichen Forum und vom gleichen Podium aus hatte ein Jahr zuvor John Foster Dulles den militärischen Aufmarsch der USA im Vorderen Orient zu rechtfertigen gewagt, hatte die berühmte Anklage der »indirekten Aggression« vor diesem juristischen Welttribunal erhoben. Wo die UNO noch vor einem Jahr zu Gericht saß über Brandstifter und Kriegsstrategen, wurde sie im September 1959 zum Diskussionsplenum für den umfassendsten und endgültigsten Friedensplan, der seit dem Ende des Zweiten Weltkrieges, der überhaupt je ausgedacht wurde. Fast schüchtern nimmt sich daneben der Dreistufenplan des britischen Außenministers Selwyn Lloyd aus, der doch die gleiche Richtung meint und jene Stationen bezeichnet, die durchlaufen werden müßten, soll Chruschtschows gigantisches Projekt verwirklicht werden: Einstellung der Atomwaffenversuche, Beendigung der Produktion von Kernwaffen, Umwandlung der vorhandenen Atombombenvorräte für friedliche Zwecke, Reduzierung der herkömmlichen Waffen, Einrichtung eines Inspektionssystems zur Sicherung gegen Überraschungsangriffe, internationale Kontrolle der Militärhaushalte. Der Plan Großbritanniens, der Abrüstungsvorschlag Chruschtschows und die, wenn auch zurückhaltende, so doch wohlwollende Resonanz, die beide Entwürfe in amerikanischen Regierungskreisen fanden, sind ein Erfolg für jene, die zu Hunderttausenden und Millionen seit Jahren diese Forderungen vertreten, sind Zeugnis dafür, daß Zahl und Einfluß derer, die sich an schlammichte Rüstungsprofite klammern und den eigenen Konkurs zum Untergang der Welt proklamieren oder gar gestalten wollen, geringer ist, als der Lebenswille der Völker im kapitalistischen ebenso wie im kommunistischen Machtbereich.

Der Vorschlag Chruschtschows mutet nur denjenigen phantastisch an, der nicht bereit ist, seine ausgesprochenen und unausgesprochenen Details zur Kenntnis zu nehmen und ihn damit auf eine Stufe mit Adenauers Parole von der »allgemeinen, kontrollierten Abrüstung« stellt, die noch nie präzisiert und bislang nur bei der Ablehnung von Teilabrüstungsvorschlägen als Alternativforderung vorgetragen wurde. Allgemeine kontrollierte Abrüstung, wie sie jetzt durch Chruschtschow in die Debatte geworfen wurde, ist keine Alternative zum Rapacki-Plan und ähnlichen Entwürfen, sondern die Perspektive, das Ziel dieser Einzelvorschläge, in das sie schließlich zum Zwecke der Befriedung unserer Erde einmünden sollen. Joachim Besser, der mit seinen Kommentaren in der »Welt« zu Chruschtschows Reise gründlich bewies, daß er den Nikita nicht leiden kann, gibt die Antwort, die einzig realistisch und einzig anständig ist: »Es liegt jetzt an den Staatsmännern des Westens, Chruschtschow auf die Probe zu stellen.«

Wurde in Genf dem Dulles-Kurs endgültig abgeschworen, so hat sich im Weißen Haus eine Alternativkonzeption durchgesetzt, deren Umrisse aus den Camp-David-Gesprächen und den nachfolgenden Pressekonferenzen in Washington und Moskau schon heute klar erkennbar sind. Neben der Hauptforderung nach einer globalen Abrüstung stehen Detailfragen, deren Kristallisationspunkt nach wie vor das Aufmarschfeld der großen Antipoden ist: der Raum Mitteleuropa, der Krisenherd Deutschland, der Angelpunkt einer neuen Phase internationaler Politik – Berlin. Verhandlungen über einen Friedensvertrag mit Deutschland sind in greifbare Nähe gerückt, wobei die DDR als eigenes Staatswesen mit eigenen Interessen voll anerkannt wird, die Gespräche über Berlin haben eine gemeinsame Voraussetzung gefunden, indem nun auch Eisenhower wörtlich erklärte, die Lage dieser Stadt sei »unnormal«, und zugleich eine Lösung nicht länger vom Verbleiben alliierter Truppen in Berlin abhängig machte. Auf dem Sektor von Handel und Wissenschaft wurden bereits konkrete Abkommen angebahnt, die nur noch formuliert und unterzeichnet werden müssen. Embargobestimmungen sollen aufgehoben werden, die wissenschaftliche Zusammenarbeit einschließlich der Atomforschung soll intensiviert werden. Wirtschaft und Wissenschaft aber sind bekanntlich nicht geringe Triebkräfte im Rücken politischen Handelns, sind nicht selten Wegbereiter und Motor zugleich, sind in der gegenwärtigen Phase der Ost-West-Verhandlungen Brücken der Verständigung. Es gibt kein Berlin-Ultimatum mehr, der Weg ist frei für einen Friedensvertrag mit Deutschland, die Zeichen der Zeit stehen auf Abrüstung, global und territorial beschränkt, atomar und konventionell, weltweit und an jedem Ort.

Daß der quengelnde Bündnisbruder in Bonn, dessen politischer Sprachschatz in der Ära Dulles erworben und entsprechend beschränkt ist, in Gestalt von Nachhilfestunden darüber aufgeklärt werden mußte, daß die Berliner trotz allem frei bleiben würden, und daß ein Friedensvertrag der Sowjetunion mit der DDR für die USA nicht verbindlich, ein Friedensvertrag der vier Siegermächte mit Deutschland allerdings durchaus verbindlich sein werde, brachte nur noch den alten Jargon zum Vorschein, der das Vergangene nicht zu bannen, die Kalten Krieger höchstens im Föhn der Entwicklung noch ein wenig zu trösten vermag.

Man hat sich in Bonn redlich bemüht, um aufzuhalten, was nicht aufzuhalten ist, um retardierende Momente einzubauen, wo nach allen Regeln der Kunst sie keinen Platz und keine Wirkung mehr haben. So passierten das Gezänk Adenauers um die englischen Disengagementpläne und um Rapackis Entwurf einer kernwaffenfreien Zone in Mitteleuropa, die Reise von Strauß nach Kanada und die Aufmärsche der Vertriebenenorganisationen unter Leitung von Bundesministern als anachronistische Züge von ewig Gestrigen am Rande der internationalen Ereignisse; sie mochten der »Welt« die Schlagzeilen liefern, die Welt vermochten sie nicht zu erschüttern.

Auf dem Podium internationaler Verhandlungen ist die Bundesrepublik schon heute in die Rolle des Angeklagten versetzt worden, und die innenpolitische Opposition hat die USA, Großbritannien und die Sowjetunion als Staatsanwälte auf ihrer Seite. Das liegt angesichts des bestehenden Starrsinns der Bundesregierung durchaus in unserem nationalen Interesse, so lange, bis es gelungen ist, auch dort einen Kurswandel zu erzwingen, der Vernunft des Friedens Gehör zu verschaffen. Dennoch: Was heute versäumt wird, kann morgen kaum mehr nachgeholt werden. Die Interessen der Bundesrepublik werden in einem Friedensvertrag nur dann ihren Niederschlag finden, wenn unsere Regierung sie selbst vertritt; und hat sie auch den Fortschritt und Sieg einer Politik der Entspannung , des Friedens, der Koexistenz nicht verhindern können, so ist die Last der Verantwortung für die Zukunft der Bundesrepublik ihr doch nicht abgenommen.

In dieser Situation hat der Deutschlandplan der Sozialdemokratischen Partei eine neue, hervorragende Aktualität gewonnen, ist die Verantwortung der Oppositionsparteien im Bundestag für das Schicksal Deutschlands und der Welt erneut gewachsen.

Im Oktober findet eine außenpolitische Debatte im Bundestag statt. Will die Regierung sie verhindern, muß sie – das ist die erste Aufgabe der Opposition – erzwungen werden. Die große Anfrage der SPD war der erste Schritt, in ihr ist bereits der Kernpunkt der Debatte festgelegt: »Welche Schritte gedenkt die Bundesregierung, insbesondere nach den Darlegungen des Bundeskanzlers in seinem an den sowjetischen Ministerpräsidenten gerichteten Brief vom 28. August 1959, zu unternehmen, um einen deutschen Beitrag zu den internationalen Problemen der Abrüstung und Sicherheit zu leisten?« An der Seite der SPD stehen die Freien Demokraten mit der Forderung nach »Bonner Initiativen für einen gesamtdeutschen Friedensvertrag« und ihrem Memorandum zur Wiedervereinigung. Es ist notwendig, die atomare Aufrüstung der Bundeswehr erneut zur Debatte zu stellen, den Deutschlandplan der SPD erneut vorzutragen, ihn als Alternative zur Politik der Bundesregierung nachdrücklich ins Spiel zu bringen, einen Beschluß über eine Politik der Entspannung in Mitteleuropa als den deutschen Beitrag zum Frieden in der Welt kompromißlos zu fordern. Chruschtschows Propagandaerfolge in den USA waren nicht zuletzt Erfolge seiner Werbung für ein friedliches Zusammenleben der Nationen und Systeme. Wer es mit solchen Forderungen ehrlich meint, hat den Applaus der Völker verdient; wer diesen Forderungen im deutschen Bundestag auf der Basis realer Pläne Gehör verschafft, kann der Zustimmung von Millionen und aber Millionen Menschen versichert sein. Die Wende ist da, der Friede ist zum bestimmenden Faktor politischen Handelns geworden. In Camp David haben die Kräfte der Vernunft und der Menschlichkeit gesiegt. Die sie schwächen, stehen auf verlorenem Posten. Die sie stärken, haben das Mandat der Geschichte, handeln im Auftrag der Zukunft.

Nr. 19/20, 1959

Im Herbst 1959 besuchte *Nikita Chruschtschow* als erster sowjetischer Ministerpräsident die USA; in einer Rede vor der UNO-Vollversammlung schlug er eine allgemeine kontrollierte Abrüstung vor. – *Dwight D. Eisenhower* war zu dieser Zeit Präsident der USA, sein Außenminister der Adenauer-Freund und kalte Krieger John Foster Dulles. – *Rapacki-Plan*: nach dem damaligen polnischen Außenminister benannt; er sah eine neutralisierte, waffenfreie Zone in Mitteleuropa vor. – *»Berlin-Ultimatum«*: ein sowjetischer Vorschlag zur Lösung des Berlin-Problems (1958): West-Berlin solle eine selbständige politische Einheit werden, eine Art entmilitarisierte freie Stadt. – Im März 1959 legte die SPD ihren *Deutschland-Plan* vor: er ging von dem Gedanken einer neutralisierten Zone in Mitteleuropa aus und sah die Wiedervereinigung Deutschlands nach paritätischen Verhandlungen zwischen der BRD und der DDR (die in dem Plan so, d. h. ohne Anführungszeichen bezeichnet war) sowie einen »gesamtdeutschen Markt«, eine Art gemeinsamen Markt für die beiden Deutschlands vor; 1960 zog die SPD diesen Plan wieder zurück.

Notstand? Notstand!

Deutschland 1960 – jeder Dritte vergleicht es mit dem Deutschland von 1933; was vor zehn Jahren als eine Ungeheuerlichkeit hätte abgewiesen werden müssen, wird heute schon als abgegriffene Münze beifällig weitergegeben. Professoren fliegen »wie damals« aus Amt und Würden, Militärs gelten soviel wie Politiker, Sozialdemokraten sitzen in der Klemme zwischen den Kompromissen ihres Vorstandes und eigener Oppositionshaltung, die Verfassung gilt als manipulierbar und veränderlich, der Präsident ist erneut der supraparteiliche Propagandist reaktionärer Programme, das Vertrauen in die Judikative ist zutiefst geschwächt, und noch ist kein Ende abzusehen von jener Kette aus zweitem Fernsehprogramm, einer Bundeswehrdenkschrift, einem Lücke-Plan, einer Speidel-Rede, einer Wehrpflichtnovelle und Gesetzesvorlagen in ministeriellen Schubfächern contra Presse, Parlament und Parteien.

Vom Schlimmsten unter ihnen soll die Rede sein, von dem Entwurf zur Ergänzung des Grundgesetzes »Für den Fall eines Notstandes«. Mit der ersten Lesung dieses Gesetzes im deutschen Bundestag in den letzten Tagen dieses Monats soll die junge deutsche Demokratie in eine neue Phase eintreten. Es soll enden die Zeit der Manipulation des Grundgesetzes, es soll beginnen die Phase der legalen christlich-demokratisch-rüstungsindustriellen Statthalterschaft auf Dauer.

Wir wollen nicht in den Streit um den Art. 48 der Weimarer Reichsverfassung einsteigen, ob Hitler vermittels oder trotz dieses Artikels zwölf Jahre deutschen Faschismus institutionalisieren konnte. *Jedenfalls* gab es ihn und wurde Mißbrauch mit ihm getrieben und *jedenfalls* kam das »Gesetz zur Behebung der Not von Volk und Staat«, das Ermächtigungsgesetz, unter Berufung auf diesen Artikel zustande, so daß der konservative Staatsrechtler Carl Schmitt absichtslos zynisch kommentieren konnte: »Die deutsche Revolution war legal, d. h. gemäß der früheren Verfassung formell korrekt. Sie war es aus Disziplin und deutschem Sinn für Ordnung«.

Dieser »deutsche Sinn für Ordnung«, auf welchem die Hypothek von sechs Millionen vergasten Juden liegt und die schrecklichste aller Neuordnungen Europas, soll nunmehr erneut in Kraft treten, indem das Notstandsgesetz – vorgeblich der Ordnung halber – die Vorbehalte der westlichen Alliierten gemäß Art. 5 der Pariser Verträge zugunsten der vollen Souveränität der Bundesrepublik aufheben soll. Nur als Vorwand aber kann diese Berufung auf den Deutschlandvertrag hingenommen werden, denn dieser bezieht sich ausschließlich – darin waren sich die Interpreten bei Unterzeichnung des Vertrages bis hin zum Bundeskanzler einig – auf den Schutz vor einer »äußeren« Bedrohung – und zwar der Streitkräfte, während die Vorlage der Bundesregierung auch den Fall »Innerer Krisen« berücksichtigt, ja, geradezu bevorzugt.

Legion ist die Zahl der Minister-, Kanzler- und Präsidentenreden, in denen seit der letzten Jahreswende vor »inneren Krisen« gewarnt und in denen das, was darunter verstanden werden soll, bezeichnet wurde. Schröder spricht unverhüllt von »politischen Streiks« (DIE WELT vom 19. 1. 60); Lübke beschwört den »Arbeitsfrieden« als eine wesentliche Grundlage unseres Wohlergehens (Bulletin des Presse- und Informationsamtes der Bundesregierung, 5. 1. 60); Wirtschaftsminister Erhard versteigt sich zu der unglaublichen Erklärung »Das sind die Feinde des deutschen Volkes, die der Neigung des Volkes entgegenkommen, sich im Maßlosen zu verlieren«, womit nichts anderes als Forderungen nach Arbeitszeitverkürzung und Lohnerhöhung gemeint ist (Bulletin, 31. 8. 60); Katz, der Vizepräsident des Bundesverfassungsgerichtes sprach sich am direktesten aus: »Ich bin mir nicht sicher, ob ein totaler Metallarbeiterstreik von vier Monaten, wie ihn die Vereinigten Staaten erst jetzt durchgemacht haben ... von Deutschland als einem Export- und Industrieland ohne Krisenzustand verdaut werden könnte, ob etwa ein Streik solchen Ausmaßes hier nicht schon einen Zustand der inneren Krise und des inneren Notstandes hervorrufen könnte«. (Frankfurter Allgemeine vom 4. 12. 59). – Gewerkschaftler als *Volksfeinde*, Streiks als Aufruhr, Lohnkämpfe als Notstand – das ist die Sprache von Sozialistengesetz und März 33, das gipfelte in Festungshaft und KZ, das endete einst in Versailles und in Nürnberg.

Der Entwurf selbst aber enthält neben diesen ebenso waghalsigen wie von offenbarer Zukunftspanik diktierten Apologien seiner Anwendung eine Fülle von Bestimmungen, die sich selbst als Staatsstreichpläne demaskieren: Der Ausnahmezustand wird vom Bundestag mit einfacher Mehrheit beschlossen und vom Bundespräsidenten verkündet. »Stehen der Beschlußfassung des Bundestages unüberwindliche Hindernisse entgegen – der Beschlußfassung (!) nicht dem Zusammentreten (!) – so kann bei Gefahr im Verzug der Bundespräsident mit Gegenzeichnung des Bundeskanzlers den Ausnahmezustand anordnen und verkünden. Der Bundespräsident soll zuvor die Präsidenten des Bundestages und des Bundesrates hören«. Ohne Kontrolle durch die Legislative, ohne Mitbestimmung des Bundesrates, ungeachtet aller Volkssouveränität und Eigenständigkeit der Länder können Präsident und Kanzler nach eigenem Ermessen, nach Willkür und Laune den Ausnahmezustand verkünden. – »Zur Abwehr einer drohenden Gefahr für den Bestand oder die freiheitliche demokratische Grundordnung des Bundes oder eines Landes ...«

Auch der Artikel 48 WRV setzte Grundrechte außer Kraft – zuviele schon damals, das hat sich inzwischen herumgesprochen. Von Bonn aus aber geht man weiter: nicht nur die Freiheit der Person, nicht nur Meinungsfreiheit, Versammlungsfreiheit, das Recht, Vereine und Gesellschaften zu gründen, das Recht auf Eigentum werden aufgehoben, sondern auch – und hier erst recht beginnt der Skandal des Regierungsentwurfes: Art. 5,3 GG die Freiheit von Kunst und Wissenschaft, Forschung und Lehre; Art. 9,3 GG: Das Recht zur Wahrung und Förderung der Arbeits- und Wirtschaftsbedingungen Vereinigungen zu bilden; Art. 11 GG: Freizügigkeit im Bundesgebiet für alle Deutschen; Art. 12 GG: Das Recht, Beruf, Arbeitsplatz und Ausbildungsstätte frei zu wählen, wo es weiter heißt: Niemand darf zu einer bestimmten Arbeit gezwungen werden ... Frauen dürfen nicht zu einer Dienstleistung im Verband der Streitkräfte durch Gesetz verpflichtet werden ... Zwangsarbeit ist nur bei einer gerichtlich angeordneten Freiheitsentziehung zulässig. – Soviel hatte man in Weimar nicht riskiert: Die Gewerkschaften zu verbieten, Zwangsarbeit einzuführen, Frauen zu mustern und zu rekrutieren. –

Soviel wurde in Weimar nicht vorausgeplant: Die Freiheit

von Kunst und Wissenschaft aufzuheben, Forschung und Lehre gleichzuschalten. Auf welche Zeiträume richtet man sich ein? Akademischer Nachwuchs im Gleichschritt kann nicht aus dem Boden gestampft werden und wird es nicht für zwei Monate. Stehen die Hochschulgesetze von 1960 im Dienst einer Vorbereitung des Ausnahmezustands auf Dauer nach spanischem Vorbild?

Neu im Nachkriegsdeutschland ist auch die spezifische Sinngebung für die Aufgaben einer Armee. Wo der Bundesgrenzschutz nicht ausreicht zur Herstellung innerer Ordnung, sprich: Zur Zerschlagung von Streiks, zum Schießen auf die Bevölkerung, da kommt die Polizei der Länder und Gemeinden zum Zuge, und »für den Fall, daß die Polizeikräfte nicht ausreichen ... dürfen auch die Streitkräfte, deren Einsatz im äußeren Notstand selbstverständlich ist – im inneren Notstand eingesetzt werden«.

Soldaten gegen Arbeiter – Soldaten im Einsatz zum Schutz der inneren Ordnung – Soldaten gegen Zivilisten – ist das neu in Deutschland? Nein – neu ist nur eins: Solche Methoden des Umgangs zwischen Staatsmacht und Volk Demokratie zu nennen.

Eigentum kann konfisziert und Wahlen beliebig lange ausgesetzt werden, der Bund übernimmt die Gesetzgebung für die Länder, die Regierung kann unter Auslassung von Bundestag und Bundesrat Gesetze erlassen, beliebigen Inhalts, beliebiger Dauer. Der Bundestag kann zwar alle getroffenen Maßnahmen jederzeit aufheben, stehen jedoch »seiner Beschlußfassung unüberwindliche Hindernisse ...« – der Kreis schließt sich, die Demokratie ist abgetrieben.

Winfried Martini, Schriftsteller und Salonfaschist, bemerkt in seiner neuesten Publikation sehr trefflich, »Die Demokratie sei die ›Staatsform der Krisenlosigkeit‹! oder auch die ›Staatsform des Optimismus‹« (Freiheit auf Abruf, Köln–Berlin 1960, S. 213), und macht sich dann in scheinheilig zivilisierter Manier zum Fürsprecher des Regierungsentwurfs eines Notstandsgesetzes. Anstatt zur Erhaltung der Demokratie einer Politik krisenfester Machart das Wort zu reden, ohne Experimente wie Atomrüstung und Notstandsgesetzgebung – man begreife die Dialektik –, wird die Krise herausgefordert und zum Wohl der Regierung, zum Schaden des Volkes durch Terror saniert. Die Katze, schon 1953 aus dem Sack gelassen (»Das Ende aller Sicherheit«) wirft Junge: Was damals aussah wir Demokratie als Wagnis, stellt sich heute dar als Demokratie aus Luxus; will das Volk anders als die Regierung, muß es abdanken, wenn die Regierung versagt, soll das Volk abwandern in Arbeitslager, Armee und Gefängnis.

Blickt man auf »normale« Zeiten zurück, sieht man ab von zwölf Jahren deutschem Faschismus, so hat der Notstandsgesetzentwurf der Bundesregierung nur ein einziges Vorbild: Die Sozialistengesetze des Bismarckreiches. Als aber der deutsche Reichskanzler Fürst Otto von Bismarck im März 1890 zum viertenmal die Verlängerung seiner Gesetze forderte und seine Pläne zur Abschaffung des allgemeinen Wahlrechts und zur Ausschaltung des Reichstages dem Kaiser präsentierte, zwang ihn Wilhelm II. seine Abdankung einzureichen. Eine Liquidierung der Revolution von 1848 schien selbst dem Monarchen, der keiner unter den geringsten Sozialistenhassern des 19. Jahrhunderts war, wirklichkeitsfremd und damit unerträglich, dies aber nicht zuletzt deshalb, weil es der deutschen Sozialdemokratie während ihres zwölfjährigen Katakombendaseins gelungen war, sich als Opposition unüberhörbar im Spiel zu halten. Vorbildhaft bleibt die Erklärung der sozialdemokratischen Fraktion im Reichstag am 23. Mai 1878 zum Entwurf eines Ausnahmegesetzes.

Ohnmächtig kämpfte die deutsche Sozialdemokratie gegen die Sozialistengesetze des Bismarckreiches, ohnmächtig gegen das »Gesetz zu Behebung der Not von Volk und Staat« im März 33. Weder Liebknecht noch Wels verfügten im deutschen Reichstag über jene Sperrminorität, die das Schlimmste hätte verhindern können; über jene Sperrminorität, die in den Händen der Sozialdemokratie von 1960 über Gedeih und Verderb der deutschen Nachkriegsdemokratie zu entscheiden vermag. Das Ja zum Grundgesetz, das Ja für den Bestand und die freiheitliche demokratische Grundordnung der Bundesrepublik ist das Nein zur Notstandsgesetzgebung der Bundesregierung.

Nr. 18, 1960

Der Präsident: 1959 wurde der ehemalige CDU-Minister Heinrich Lübke als Nachfolger Theodor Heuss' zum neuen Bundespräsidenten gewählt. – *Zweites Fernsehprogramm:* seit 1959 arbeitete die Bundesregierung an einem Gesetzesentwurf für ein bundeseigenes Fernsehen – der ARD sollte ein regierungsamtliches, zentralisiertes Fernsehen entgegengestellt werden. Durch ein Urteil des Bundesverfassungsgerichts im Jahre 1961 wurde das Projekt verboten. Danach erst entstand das ZDF, das in seiner Rechtsaufsicht ebenfalls den Ländern untersteht. – *Bundeswehrdenkschrift:* ein Memorandum der Militärs, das für eine außerordentliche Intensivierung der Rüstungsanstrengungen plädierte. – *Lücke-Plan:* benannt nach dem damaligen Wohnungsbauminister Paul Lücke (CDU); der Plan sah die Aufhebung der – in der Knappheitssituation der Nachkriegsjahre verhängten – gesetzlichen Mietpreisbindung vor: das »Freiwerden« bedeutete unkontrollierbare Mietpreissteigerungen. – *Speidel-Rede:* in ihr forderte der Bundeswehrgeneral Hans Speidel Atomwaffen für die Bundeswehr sowie die Umrüstung der Bundeswehr zur Angriffsarmee; Speidel, ehemaliger Wehrmachtsgeneral, war schon 1948 von Adenauer beauftragt worden, ein Memorandum über Notwendigkeit und Umfang einer westdeutschen Wiederaufrüstung zu verfassen. – Die Vorbehalte der westlichen Alliierten gemäß Artikel 5 der *Pariser Verträge:* die Pariser Verträge standen der BRD begrenzte Souveränität zu (dazu gehörte u.a. die Wiederbewaffnung); Art. 5 besagte, daß die Funktion der alliierten Streitkräfte dann erlöschen würde, wenn »die zuständigen deutschen Behörden entsprechende Vollmachten durch die deutsche Gesetzgebung erhalten haben und dadurch in den Stand gesetzt« sind, »wirksame Maßnahmen zum Schutz dieser Streitkräfte zu treffen, einschließlich der Fähigkeit, einer ernsten Störung der öffentlichen Sicherheit und Ordnung zu begegnen.« – *Gerhard Schröder* (CDU): mehrere Jahre Bundesinnenminister. – *Man begreife die Dialektik:* ›Keine Experimente!‹ war der Wahlslogan der CDU in den 50er Jahren. – *Wilhelm Liebknecht:* Führer der sozialdemokratischen Reichstagsfraktion im Jahre der Verabschiedung der Bismarckschen Sozialistengesetze (1878). – *Otto Wels:* letzter Vorsitzender der sozialdemokratischen Reichstagsfraktion vor dem Verbot der SPD (1933).

Status quo Mauer

Erstaunlich sachlich sind auf den ersten Blick jene beiden Kommentare zur Weltpolitik, die von der Bundesrepublik und der Sowjetunion in Dezember und Februar ausgetauscht wurden und jetzt im Wortlaut vorliegen. Sachlich, freundlich, liebenswürdig. Tenor beider Dokumente ist der expressis verbis geäußerte Wunsch nach einer Änderung von Bestehendem. Man ist sich auf beiden Seiten über die Unhaltbarkeit der Situation einig, nicht nur im Hinblick auf die Sperrmauer in Berlin, die die Sowjets freilich nicht so schlimm finden wie wir, sondern auch und speziell hinsichtlich der gegenwärtigen Praxis deutscher Spaltung und der Existenzform Westberlins.

Während aber die Bundesregierung bestehende Gegebenheiten rückgängig machen möchte, wollen die Russen nur bestehende Zustände legalisieren, Zuständigkeiten und Kompetenzen ins reine bringen, auf der Basis des »Status quo Mauer«, wie die Amerikaner sagen. Die Sowjets gehen dabei von weltweit bekannten Realitäten aus, die Bundesregierung von weltweit anerkannten Prinzipien des klassischen Völkerrechts. Keine Argumentation ist – wenn man so sagen darf – auf Sand gebaut. Beide Seiten vermögen die Vernünftigkeit ihrer Gedankenführung im Sinne immanenter Logik zu beweisen. Prüfstein aber für den politischen Gehalt der Schriftstücke kann nur ihre Realisierbarkeit sein – sehr pragmatisch, unideologisch und unsentimental; Politik ist die Kunst des Möglichen, bekanntlich.

Und bekanntlich ist die Forderung nach Freien Wahlen nicht realisierbar. Ebensowenig realisierbar wie Freie Wahlen in Korea und Vietnam, weil alle drei Wahlen das weltpolitische Kräftespiel verwirren und damit gefährden würden. Da stellt sich weiter heraus, daß die Freigabe der DDR aus den Händen der Ulbrichts und Sowjets nicht ohne Krieg zu gewinnen ist. Ferner, daß Friedensvertrag und Wiedervereinigung nicht mehr gekoppelt sind, in Reihenfolge und Rangordnung nicht mehr austauschbar wie noch 55. Die Mauer, mit den Mitteln der Politik nicht verhindert, ist auch mit dem Mittel der Erpressung nicht zu beseitigen.

Was die Sowjetunion wünscht und was sie schlicht über den Kopf der DDR hinweg anbietet – die anerkannte Existenz zweier deutscher Staaten voraussetzend –, ist eine grundsätzliche Verbesserung der bundesdeutsch-sowjetischen Beziehungen, ungeachtet Mauer, Spaltung, Nato, Atomrüstung, Heusinger, Berlin. Sie bietet: Ausgedehnten, langfristigen, krisensicheren Handel und eine Garantie enger und engster Beziehungen zwischen der Bundesrepublik und Westberlin.

Viel ist das nicht, dennoch überraschend. Aber die Gegenforderung ist ebenfalls nicht hoch: Respektierung der Souveränität der DDR, nicht einmal Anerkennung, nur De-facto-Hinnahme. Die Bundesrepublik dagegen bietet: Eine allgemeine, nicht näher definierte Verbesserung der Beziehungen und fordert »Freie Wahlen«, was bei den gegenwärtigen Gesinnungsverhältnissen in der DDR heißt: Mehrheitliche Entscheidung zur Wiedereinführung des Privateigentums und vermutlich sogar Natointegration; sie fordert: Abschaffung der Mauer, natürlich und – Friedensvertrag nur mit einem Gesamtdeutschland (siehe oben).

Es muß, obwohl es unpopulär ist, dergleichen in Deutschland auszusprechen, festgestellt werden: Das Angebot der Sowjets zielt auf ein die Atmosphäre auflockerndes *Minimal*programm, ohne bestehende Kräfteverhältnisse zu verschieben, ohne Grundfesten irgendeiner Politik zu erschüttern. Die Bedingungen der Bundesregierung dagegen sind darauf angelegt, ein perfekt westliche Interessen wahrnehmendes, aber ohne Änderung der Kräfteverhältnisse in der Welt nicht durchführbares *Maximal*programm noch einmal in hübschen Formulierungen darzustellen, womit eine Verständigung kaum begünstigt und das Verhandlungsklima kaum angewärmt wird. Der diplomatischen, auf bescheidene, aber reale Verhandlungsziele angelegten Offensive des Ostens – nie kommt dergleichen von westlicher, gar deutscher Seite! – wird eine ausschließlich auf propagandistische Effekte orientierte Replik entgegengesetzt. Die Tatsache, daß die propagandistische Position in Deutschland sehr viel günstiger für den Westen ist als auf den meisten anderen Plätzen der Welt, scheint dabei den Blick für die politische, militärische und auch historische Situation und Zukunft Deutschlands und Westeuropas verstellt zu haben.

Blieb das sowjetische Memorandum offiziell also unbeantwortet, so hat es in Westdeutschlands öffentlicher Meinung eine Diskussion angeregt, die vier Jahre brach gelegen hat. Was die Bundesregierung vier Jahre lang nicht nötig hatte, ihre eigene Politik vor der Öffentlichkeit zu rechtfertigen, wurde ihr nunmehr abverlangt, und zwar umfassend. Es gibt in der Bundesrepublik gegenwärtig keinen starken Vertreter einer Alternativpolitik mehr, keinen, der verlockend, überzeugend, realistisch, positiv eine andere Politik propagieren könnte oder wollte. Die Oppositionsgeste des SPIEGEL ist angesichts seiner Konzeptionslosigkeit nur kokett. Dies Vakuum hat seit dem Memorandum wieder begonnen, sich mit konstruktiven Plänen aufzufüllen. Die FDP, die einen guten Teil jenen Bürgertums vertritt, das vom orakelten Niedergang der Konjunktur speziell betroffen wäre, an Rüstungsverdiensten nicht maßgeblich beteiligt ist und also in einer Ausweitung des Marktes nach Osten weiter keinen nationalen Verrat erblicken könnte, fordert direkte Verhandlungen mit Moskau über die deutsche Frage. Der Abschluß des deutsch-sowjetischen Kulturabkommens hat wieder Auftrieb bekommen; der Sozialdemokratie nahestehende Zeitungen wie die Frankfurter Rundschau wagen wieder Kritik am Koalitionsprogramm. In linksfreidemokratischen Kreisen sollen Erinnerungen an die Jahre 1952 und 1955 aufgekommen sein. 8 evangelische Persönlichkeiten fordern in einem Memorandum, welches in seiner großen Bedeutung nur mit dem Manifest der Göttinger 18 verglichen werden kann, die Anerkennung der Oder-Neiße-Linie und eine Normalisierung der politischen Beziehungen zu den östlichen Nachbarn Deutschlands. Das sowjetische Memorandum macht Angebote materieller Natur, stellt eine außenpolitische Alternative vor, die aus der Kongruenz einiger gemeinsamer Interessen von Bundesrepublik und Sowjetunion entwickelt ist.

Die deutsche *Wiedervereinigung* spielt im Jahre 1962 nicht einmal mehr propagandistisch eine Rolle. Chruschtschow geht einfach von der Existenz zweier deutscher Staaten aus, als sei diese Auslegung der deutschen Situation bereits weltweit anerkannt, und behandelt die Bundesrepublik dabei höchst respektvoll als souveränen, historisch und völkerrechtlich legitimierten *einen* Staat, als gäbe es keine andere

Hälfte Deutschlands. Das Deutschlandproblem existiert nur noch als Entflechtungsproblem, den Rest bestreitet die Bundesrepublik. Insofern ist es keineswegs nur Propaganda, wenn Bonn behauptet, der Osten wolle mit seiner Berlinlösung und seinem Friedensvertrag die deutsche Spaltung verewigen. Verewigen will der Kreml die geschaffenen Tatsachen und das heißt für ihn: Kein kapitalistisches Gesamtdeutschland, kein militärisch-expansives Gesamtdeutschland, kein Antikommunismus von 70 Millionen. Mit der Zerstörung aller Attribute der deutschen Nation, mit welchen sie die Welt das Fürchten lehrte, ist diese Nation selbst in ihrer Einheit zerstört worden. So ist es heute schwerer, Deutschlands Einheit wiederherzustellen, als gute Beziehungen zur Sowjetunion anzuknüpfen.

Aber auch Bonn geht es nicht mehr um die Einheit der Nation. Sein Anspruch auf die 17 Millionen wird nicht aus historischer Verbundenheit, sondern aus moralischer Überlegenheit abgeleitet. Man kann nicht nach Westen das Nationalstaatsdenken aufweichen und nach Osten zementieren wollen. Legte Adenauer faktisch nie Wert auf eine Wiedervereinigung, so hat er nun auch den Anschein zugunsten einer anderen propagandistischen Konzeption aufgegeben.

Bonn hat also auch diesmal wieder Nein gesagt, obwohl der »Gedankenaustausch« – ob verbindlich oder unverbindlich, bleibt offen – fortgesetzt werden soll. Das Nein ist geschickter, plausibler und freimütiger als sonst, verpackt in Bedingungen, denen nicht entsprochen werden kann, bemüht, wenigstens den Schwarzen Peter der anderen Seite zuzuschieben. Zu loben bleibt dem Chronisten nur der gemäßigte Ton, und daß man auf jeden Topf einen Deckel fand – aber was nützt der Deckel, wenn der Topf leer bleibt.

Nr. 3, 1962

Adolf Heusinger, ehemaliger General der deutschen Wehrmacht, war neben Hans Speidel der erste Befehlshaber der Bundeswehr, ab 1957 ihr erster Generalinspekteur, von 1961–1964 Vorsitzender des »Ständigen Militärausschusses der Nato« in Washington. – In den Jahren 1952 und 1955 machte die sowjetische Regierung *Vorschläge zur Lösung der Deutschland-Frage* (neutralisierte Zone etc.), auf die die Bundesregierung nicht einging. – *Die Göttinger 18*: seit der Gründung der Bundeswehr war die Adenauer-Regierung um atomare Waffen bemüht; im April 1957 erklärte Adenauer auf einer Pressekonferenz, taktische Atomwaffen seien nicht mehr als eine Fortentwicklung der Artillerie und daher für die Bundeswehr geeignet. Daraufhin gaben 18 namhafte Atomwissenschaftler (14 von ihnen waren Mitglieder der verschiedenen Beratungsgremien der Bundesregierung) durch den Vorsitzenden der Max-Planck-Gesellschaft eine Erklärung ab: sie seien nicht bereit, sich in irgendeiner Weise an dem Atomwaffen-Programm der Bundesregierung zu beteiligen. Die Erklärung löste eine große Reaktion in der Öffentlichkeit aus.

Eine neue Linke

Man kann für Berlin sein, soweit es ein politischer Begriff ist, soweit es eine Stadt ist, insoweit dort ein sympathischer Deutschentyp wohnt, insoweit diese Stadt ein herrliches Klima, breite Straßen, Leute mit großer Fresse, preußischen Barock und viele gute Erinnerungen beherbergt. Eins kann man nicht: Die politische Atmosphäre dieser Stadt lieben. Zwischen dem schäbigen Osten, dem glänzenden Westen zieht sich die Mauer hin, und dazu im Osten Phrasen und im Westen eine fürchterliche Gereiztheit in politicis.

Druck aber erzeugt Gegendruck. Der Druck des Ostens erzeugte den Gegendruck des Westens, und seitdem in Westberlin offiziell und öffentlich so viel dummes Zeug geredet wird, Willy Brandt überhaupt nur noch heiser ist, alle Linken zur Rechten überliefen, um im gemeinsamen Topf zu kochen und zu brodeln, es überhaupt nur noch eine Wut, einen Haß, ein Lamento gibt, seitdem tut sich nun doch hier und da was auf, hat die Ausschaltung, Verketzerung, Verteufelung alles Linken nun doch wieder eine Art Linke gezeugt.

Eine »Neue Linke«, wie sie sich selbst nennt, um ihr Auftreten doppelt zu signalisieren.

Sozialistischer Deutscher Studentenbund, Sozialistische Jugend Die Falken, Gewerkschaftler, Sozialdemokraten haben sich einzeln, in Grüppchen, nicht geschlossen, nie als Ganzes in einem nur per Gesinnung zusammengehaltenen Verband zusammengefunden, locker also, ohne organisatorisches Band, in Kenntnis wohl der sterilisierenden Wirkung aller Institutionalisierung und Vereinsmeierei.

»Die Neue Linke soll die Kraft werden, die das Anliegen der sozialistischen Bewegung unter den veränderten Verhältnissen der gegenwärtigen Gesellschaft vertritt«, heißt es im Ersten-Mai-Flugblatt dieser Gruppe, wo zu einer »Sozialistischen Maikundgebung« mit Erich Kuby und Fritz Lamm (Betriebsratsvorsitzendem der Stuttgarter Zeitung, alter Linker), aufgerufen wurde.

Charakteristika: Man ist voreingenommen für die Interessen und Ziele der Arbeiterschaft, gegen die Politik und Interessen der großen Industrie. Man beginnt mit dem Vorurteil –

im Realsinn dieses Wortes –, daß was den Arbeitern nützt, der Mehrheit nützt und Zukunft hat. Man ist traditionsbewußt; Vorbild jedoch kann nur werden, wer der Frage standhält: Warst du zu deiner Zeit für die Interessen der Mehrheit? Gegen Bismarcks Sozialistengesetz, gegen die Kriegskredite von 1914, gegen den Kapp-Putsch, für die Räte 1918, für den Rechtsstaat contra SA und Reichswehr, pro gewerkschaftliche Mitbestimmung heute, pro Wirtschaftsdemokratie, pro Streikrecht, für politische Freiheit, gegen Wehrpflicht und Atomausrüstung?

Daß der erste Mai, der Kampftag der Arbeiter, in Berlin mit politischen Parolen ausstaffiert wurde, die den Rüstungsaktien mehr Auftrieb gaben als den Lohnforderungen der Bergarbeiter an der Saar, daß Abs und Pferdmenges damit zufrieden sein konnten, Flick auch und die AEG, nicht aber die Bauarbeiter, nicht die ÖTV, nicht all jene, die Lohnausgleich wegen Preissteigerung fordern, sondern denen, die Betriebsbelastungen auf den Markt der kleinen Leute abwälzen, dieser Perversion des ersten Mai stellte sich die Neue Linke in Berlin mit einer eigenen Kundgebung entgegen. Gegen Atomwaffen und für Verhandlungen, wider die Ideologien von »Sozialpartnerschaft«, »Volksgemeinschaft« und dem »einen Boot«, in dem alle säßen, und für eine politische Amnestie in Ost und West.

Bleibt die Frage, ob jene, die von der Neuen Linken gemeint sind, dies auch begreifen werden, ob man so begabte Propagandisten seiner Sache hat wie gescheite Theoretiker. Wie viel gute Gedanken und realistische Gesinnung sind in Deutschland schon verkommen, weil man sie nicht verbreiten konnte. Und das hat wirklich nicht immer nur an den Gedanken und Gesinnungen selber gelegen.

Nr. 6, 1962

Robert Pferdmenges: Kölner Bankier, enger Freund und Berater von Konrad Adenauer.

Die Würde des Menschen

Das Grundgesetz ist das einzige Programm der bundesrepublikanischen Demokratie, das nicht vom Diktat einzelner Interessengruppen bestimmt ist, noch von perfektionistischen Weltanschauungssystemen sich herleitet. Seiner Entstehung und seinem Inhalt nach ist es vielmehr ein Stück Zeitgeschichte, präziser: Nachkriegsgeschichte.

Über dem Parlamentarischen Rat, der in Herrenchiemsee tagte und viele vereinigte, darunter die besten, die in den drei Westzonen nach 12 Jahren Nazismus noch aufzutreiben waren, lag der Anspruch, völkerrechtlich, ethisch, moralisch, historisch, staatsrechtlich und menschlich die Basis einer durch keine Barbarei zerstörbaren Welt zu entwerfen. Der Anspruch mag schon damals angesichts des Gegenstandes und seiner Möglichkeiten zu hoch gewesen sein; aber er war pathetisch, er wurde in breitester Front ernst genommen und schien zumindest angesichts der schmalen, vom Hunger gezeichneten Gesichter der Parlamentarier glaubwürdig. Und mehr als Äußerlichkeiten vermochte damals kaum einer wahrzunehmen, auch nicht zu durchschauen.

Aus zwei Haupterkenntnissen sollten die Konsequenzen gezogen werden:

1. Demokratie ist die einzige Menschenwürde sichernde Form staatlichen Zusammenlebens – Diktatur ist Barbarei, Unmenschlichkeit, Terror, Rückschritt.
2. Krieg ist im 20. Jahrhundert nicht mehr möglich. Die Verluste sind durch keinen Kriegsgewinn und keine Beute aufzuwiegen, die materiellen nicht, sowieso nicht die menschlichen.

Gemäß diesen zwei Erfahrungen wurde mit dem Grundgesetz der Rechtsstaat geschaffen, und zwar so wohldefiniert und total, so durchdacht und vielfältig gewährleistet, wie es ihn vorher in Deutschland nicht gab, und Wehrpflicht und Remilitarisierung waren von vornherein verfassungsmäßig, das schien: katexochen aus der projektierten Existenz der Bundesrepublik ausgeschlossen. Das Grundgesetz war in seiner ursprünglichen Fassung total freiheitlich und total antimilitärisch. Für eine Remilitarisierung war schlechterdings kein Platz, und Grundrechte und Freiheitsrechte galten – außer für Kriminelle – im Bundesrahmen uneingeschränkt, d.h. dem Plan nach für alle Zeiten, für alle Menschen, für alle Situationen, für die fetten und für die mageren Jahre.

Diese Grundpfeiler der Verfassung waren nicht nur eine Rechtskonstruktion, sondern zugleich ein politisches Programm. Dem innenpolitischen Gegner und dem außenpolitischen Kontrahenten sollte grundsätzlich, das hieß jetzt: grundgesetzlich – gewaltlos einerseits und mit vollem Rechtsschutz andererseits begegnet werden. Was Recht sei in Deutschland sollte nie mehr durch die Manipulationen von Machtkämpfen entschieden werden. Friedenspolitik im Sinne von Nicht-Rüsten sollte nie mehr Sache parteipolitischer Willkür bzw. mehrheitlicher Entscheidungsbefugnis sein.

Als dann 1956 das Grundgesetz mit Zwei-Drittel-Mehrheit im Bundestag durch die sogenannten Wehrartikel geändert wurde, holte man nur programmatisch nach, was politisch schon vollzogen war. Der Kanzler hatte den westlichen Alliierten schon 1949 einen deutschen Verteidigungsbeitrag angeboten, weshalb Gustav Heinemann 1950 das Kabinett Adenauer verließ, hatte also schon sieben Jahre vor den entscheidenden Grundgesetzänderungen seine Politik unbekümmert um Geist und Buchstabe der Verfassung eingefädelt und betrieben. Für eine Remilitarisierung war kein Platz im Grundgesetz, es wurde durch diese sowohl verletzt wie gesprengt. Umgekehrt gesagt: Die Politik der Bundesregierung war im Rahmen des 1948er Grundgesetzes nicht länger durchführbar. Da man aber nicht erwog, die Politik zu ändern, da auch die SPD daran nicht dachte, wurde – konsequenterweise –, um die Legalität exekutiven Handelns zu erhalten, das Grundgesetz geändert, durch eine Erweiterung seines Inhalts, eine Verstümmelung seines Geistes.

Wenn heute der zweite Pfeiler, auf dem das Grundgesetz seiner zeitgeschichtlichen Relevanz nach steht, zerbrochen werden soll, wenn heute die Totalität grundgesetzlich gewährter *Freiheit* eingeschränkt werden soll – nicht für immer, wie im Fall Remilitarisierung, sondern *»für den Fall eines Notstands«*, dann heißt das wiederum: Die Politik der Bundesregierung ist nicht mehr länger im Rahmen des geltenden

Grundgesetzes durchführbar, oder – wie Robert Jungk diesen Tatbestand 1959 auf dem Studentenkongreß gegen atomare Aufrüstung in Berlin kategorisch formulierte: »Atomare Aufrüstung und Demokratie sind unvereinbar.« Bedeutungsumfang und Trefflichkeit von Jungks Formulierung beginnen erst heute erkennbar zu werden. Bemerkenswert augenfällig spiegelt sich dieser Zusammenhang auch in der Entwicklung der sozialdemokratischen Politik der letzten drei Jahre. Noch 1959 durfte Walter Menzel, vormals Vorsitzender des Ausschusses Kampf dem Atomtod, im »Vorwärts« prinzipiell und grundsätzlich gegen ein deutsches Notstandsgesetz schreiben. Das war im Jahr des Deutschlandplans. Das war 1959, als es im Schutz der SPD noch möglich war, öffentlich über eine deutsche Konföderation und den Abschluß eines deutschen Friedensvertrags zu diskutieren. Das war, als der Rapacki-Plan noch eine Presse hatte; als die Rede von Verhandlungen mit Pankow wohl shocking war und diffamiert wurde, aber nicht resonanzlos blieb unter denen, die es anging; das war, als der Satz: »Wir werden nicht ruhen, solange der Atomtod unser Volk bedroht« zumindest für einen Teil der sozialdemokratischen Parteiorganisation noch keine Phrase, als Imperativ kein Ausschlußgrund war, sondern bitterer Ernst, Anleitung zum Handeln und zu politischer Willensbildung. Erst in dem Augenblick, als die SPD sich der Außenpolitik der Bundesregierung anschloß, schloß sie sich auch der Forderung nach einem Notstandsgesetz an. Als Herbert Wehner 1960 das Ja zum Natobündnis sprach, begannen MdB Arndt und Schäfer konstruktiv in die Notstandsdiskussion einzusteigen. Als Schmidt (Schnauze) über Feststoff- oder Flüssigkeits-Raketen zu fabeln begann, da fing die SPD an, über ein Notstandsgesetz mit sich reden zu lassen. Als SPD und CDU in Sachen Atomwaffen einig wurden, lenkte die SPD auch in Sachen Notstand ein. Menzel schweigt seitdem und Wolfgang Abendroth, Chefideologe der Notstandsgegner, ist aus seiner Partei ausgeschlossen worden.

Atomare Aufrüstung und Demokratie sind unvereinbar. Der Satz ist umkehrbar: Atomare Aufrüstung und Auflösung der Demokratie bedingen einander zwangsläufig, Massenvernichtungsmittel und Terror gehören zusammen, technisch, organisatorisch und schließlich faktisch. Vom politischen

Programm des Grundgesetzes: »Frieden und Freiheit« wäre dann nichts übriggeblieben.

Die Schlußfolgerungen, die die Versammlung magerer Männer am Herrenchiemsee 1948 glaubte ziehen zu müssen, aus einem gescheiterten Weimar, aus 12 Jahren Nationalismus, wären dann also – im Falle der Verabschiedung eines Notstandsgesetzes – hinfällig. Der Faschismus nicht, wohl aber die Ansätze seiner Überwindung wären damit aus der neueren deutschen Geschichte wieder gestrichen. Die Erkenntnis: Nur Demokratie sichert Menschenwürde, nur Waffenlosigkeit Friede – wäre damit aufgehoben, die Manifestationen der Umkehr wären erloschen, die Bereitschaft zur Bewältigung aufgegeben. Von der Freiheit bliebe nur jene, für die Regierung zu sein, nicht gegen sie, jedenfalls nicht in Massen, nicht in harten Auseinandersetzungen, nicht in Streiks und Demonstrationen. Sie wäre abgeschafft, vor dem Termin ihrer eigenen Feuerprobe. Im formalen Vergleich und plastischen Bild hieße das: Oppositionelle Massen können in Zukunft zusammengeschossen werden – wie im ungarischen November, und der Krieg braucht nicht mit den Mitteln kluger Politik verhindert zu werden, er würde einfach – gemäß dem dann neuen Selbstverständnis der Bundesrepublik, vororganisiert, für den »Fall eines Notstands.«

Die Würde des Menschen wäre wieder antastbar. Auch Diktatur wäre eine mögliche Form staatlichen Zusammenlebens. Krieg wäre auch in der zweiten Hälfte des 20. Jahrhunderts noch möglich.

Nr. 10, 1962

Osterspaziergang 63

Einige Tausende gehen jedes Jahr zu Ostern auf die Straße. Mit Schildern und Gitarren, Singsang und Nietenhosen. Vegetarier, Kommunisten, Schriftsteller und Pfarrer, Halbstarke, Studenten, Hausfrauen und wes Geistes Kinder und welcher Gewerkschaft Mitglieder sie noch sind. Drei Tage lang trotzen sie Regen und Wind, Polizeikonvois und nicht endenwollenden Land- und Stadtstraßen. Räuberromantik und das Bewußtsein, für eine gute Sache einzustehen, trösten über die Unbillen eines Dreitagemarsches, genannt OSTERMARSCH, hinweg.

Sie sind die Moralisten des 20. Jahrhunderts, die unentwegte Avantgarde; komisch, aber bitterernst; jugendbewegt, aber hochpolitisch; diffamiert, aber zahlreich. Man kann über sie streiten, nicht aber über die Sache, für die sie eintreten: Frieden. Man kann über sie lachen, nicht aber über das, was sie bekämpfen: Den Krieg.

Sie fingen 1960 mit 2000 Teilnehmern an und zwei Jahre später waren es schon 50000, die sich am Ostermontag 1962 auf Straßen und Plätzen an Isar und Ruhr, Elbe und Main einfanden, um gegen »die Bombe« zu demonstrieren, gegen die Bombe in Ost und West, zu Kriegs- und Versuchszwecken, mit den Worten der Aldermastonmarch-Engländer: »Ban the bomb!«

Neun Kundgebungen werden in diesem Jahr stattfinden. In Bremen, Dortmund, Frankfurt/Main, Hamburg, Hannover, Kaiserslautern, München, Nürnberg, Stuttgart. – Für ein atomwaffenfreies Mitteleuropa, für eine militärisch verdünnte Entspannungszone in Mitteleuropa, für ein Mitteleuropa, das Brücke ist zwischen Ost und West. In elf Marschsäulen wird wieder drei Tage lang demonstriert und marschiert.

Wer heute noch die Frage stellt: Was kann man denn tun – gegen Atomwaffen, gegen Krieg, gegen eine Regierung, die nicht verhandelt, nur rüstet? – dem sei die Ostermarschadresse mitgeteilt, wo man sich anmelden kann, zum Ostermarsch 1963.*)

Um ein Land, in dem die Opposition nur durch Gewaltmärsche die Aufmerksamkeit der Presse erlangen kann, ist es schlecht bestellt. Um ein Land, in dem sich jährlich Tausende und Abertausende finden, die das Mittel des Gewaltmarsches nicht scheuen, um sich Gehör zu verschaffen, ist es noch gut bestellt.

*) Auskunft und Einzelheiten erfahren Sie bei: Zentraler Ausschuß für den Ostermarsch der Atomwaffengegner, Dr. Andreas Buro, 8 München 55, Andreas-Vöst-Straße.

Nr. 4, 1963

Adenauer und die Volksmeinung

Warum hat sich Erhard nicht von Höcherl getrennt, obwohl die gesamte öffentliche Meinung, Presse, Professoren, Gewerkschaften, Schriftsteller u. a. seinen Rücktritt verlangt haben? Weil demoskopisch nachgewiesen ist, daß hinter dieser Forderung keine Bevölkerungsmehrheit steht. Wer hat schon Telefon?!

Das ist eine Spekulation. Sie deutet an, welche Rolle die Demoskopie oder Meinungsforschung in der Bundesrepublik spielt. Diese Andeutung beruht nicht auf Spekulation.

Man hat der Meinungsforschung vorgeworfen, sie degradiere den Politiker zum Schilfrohr im Zugwind einer mehr obskuren denn maßgeblichen öffentlichen Meinung. Die Leiterin des demoskopischen Instituts in Allensbach am Bodensee – Elisabeth Noelle – hat diesen Vorwurf mit der kategorischen Feststellung beantwortet: »Die Befürchtung, die Politiker würden popularitätshörig, findet sich in den letzten 15 Jahren deutscher Geschichte nicht bestätigt.«[1]

Der Satz entkräftet Kritik, indem er neue weckt. Wohl entzieht sich Meinungsforschung als Wissenschaft dem Verdikt der Moral, auch sind ihre Erzeugnisse nicht mit plebiszitären Entscheidungen zu verwechseln, solange dergleichen nicht in der Verfassung einer schönen neuen Welt verankert wird. Solange aber ein Volk noch alle vier Jahre zu den Wahlurnen geht, um Plakatkunst und Geschenke, schöne Reden und großartige Versprechungen zu honorieren, solange die Staatsgewalt vom Volke ausgeht, braucht Popularität kein Makel zu sein.

Erhard und die Deutschen

Weil Popularität kein Makel ist, ist Erhard Bundeskanzler geworden. Zwei Drittel aller Bundesrepublikaner bejahten seine Kandidatur und Wahl[2], das ist der gleiche Prozentsatz, der auch die freie Wirtschaft gut heißt, im Gegensatz zu Preisbindung und Planung[3] und ebenso viele – das sind mehr denn je – sind gegenwärtig zufrieden mit ihrer wirtschaftlichen Lage, unter der Bedingung, daß sie sich in den nächsten fünf Jahren nicht verschlechtert.[4]

Der Wohlstand ist für Erhard zu Buche geschlagen, nicht aber die Politik seines Vorgängers, die Adenauerpolitik, die gegenwärtig den tiefsten Stand aller statistisch erfaßten Sympathien seit 1953 hat.[5] Zehn Jahre lang sind wirtschaftliche Zufriedenheit und Bejahung der Kanzlerpolitik eine koinzidentielle Einheit gewesen, zehn Jahre lang wurde die Bonner Politik mit der Gürtelschnalle gemessen.[6] – Erhard steht einem Publikum gegenüber, das den Wohlstand durch Sympathie zu seiner Person honoriert, seiner Politik aber, soweit sie Adenauerpolitik ist, das Vertrauen verweigert. Man ist seit einem Jahrzehnt zum erstenmal wieder »geteilter Meinung«: 35 Prozent möchten, daß Erhard eine andere politische Linie einschlägt, 36 Prozent plädieren für eine Fortsetzung der Adenauerschen Politik, 29 Prozent sind unentschieden.[7]

Wiedervereinigung

Am unerträglichsten ist den Deutschen die Teilung der Nation. Wann und wo immer gefragt wird, welches die wichtigste Aufgabe für die deutsche Politik wäre, ob man sich an die Spaltung gewöhnt habe oder ob sie ein unerträglicher Zustand sei, die Antwort einer absoluten Mehrheit von zwei Dritteln aller Deutschen lautet: Die Wiedervereinigung ist das Wichtigste, die Spaltung ist unerträglich.[8]

Man hält die Aussichten für die Wiederherstellung der deutschen Einheit für schlecht, schlechter, am schlechtesten,[9] aber man wünscht sie sich unverdrossen.

Auf die Frage, wie sie denn hergestellt werden solle, antworteten noch im Mai 1962 ebenso wie schon im April 1957 vierzig von Hundert: »Durch Verhandlungen mit der DDR.«

Etwa gleich viele äußerten sich positiv zu dem Vorschlag, beide Teile Deutschlands sollten aus den Militärbündnissen entlassen werden und Gesamtdeutschland in einen von den vier Mächten garantierten Sicherheitspakt eingebettet werden.[10]

Im Oktober 1951 hatten sogar noch 64 Prozent Grotewohls Vorschlag, daß eine »gemeinsame beratende Versammlung« von Vertretern West- und Ostdeutschlands stattfinden solle, befürwortet.[11]

Die Anerkennung der DDR, »wenn uns das in der Wiedervereinigungsfrage weiterbringt«, wünschen sich ein Viertel aller Deutschen diesseits der Elbe vom neuen Kanzler.[12]

Neben dem Wiedervereinigungswunsch steht das Bedürfnis nach einer aktiveren Ostpolitik. Bessere Beziehungen zu Polen, zur Tschechoslowakei und Ungarn wünschen fast die Hälfte aller Deutschen.[13]

NATO und Atomrüstung

Man liebt den Wehrdienst nicht, aber man akzeptiert ihn als »notwendige Pflicht«, nur unter den Frauen lehnt eine Mehrheit ihn ab, will man nicht auf die Anwesenheit der Männer und Söhne verzichten.[14]

Mit der Wiederbewaffnung, die in den ersten fünfziger Jahren noch auf schroffe und große Ablehnung stieß, haben sich die Eingeborenen von Trizonesien abgefunden.

Nicht so mit der atomaren Aufrüstung. Achtzig Prozent waren dagegen, in jenen Märztagen, als der deutsche Bundestag sie beschloß. 50 Prozent waren es noch vor Jahresfrist, und in der Wunschliste an Erhard, die das Allensbacher Institut veröffentlichte, erschienen die Atomwaffengegner noch einmal mit 38 Prozent der Gesamtbevölkerung. In keiner anderen Frage hat sich eine oppositionelle Ansicht so hartnäckig durch Jahre hindurch gehalten, trotz des Einschwenkens von SPD und FDP, trotz der Zeit, die sonst so viele Wunden heilt.

In Sachen Krieg und Frieden sind sie ein wenig wunderlich, die statistisch erfaßten Deutschen. Gebrannte Kinder. Sie rechnen mit keiner Kriegsgefahr, aber halten zunehmend den Luftschutz für notwendig. Sie bezweifeln die Schutzmöglichkeiten im Atomkrieg und bauen sich Keller. Sie sind optimistisch und legen Vorräte an für Krisenzeiten.[15] Sie können sich der Suggestion gezielter Luftschutz- und Eichhörnchenkampagnen nicht entziehen und ahnen zugleich deren Unsinn, haben noch keinen Sand in den Augen.

Demokratie

Alle Spekulationen, die Deutschen hätten ein gebrochenes Verhältnis zur Demokratie, sind Gerede. Nur fünf von Hundert finden die Existenz einer Opposition »ziemlich überflüssig«, mehr als zwei Drittel finden sie »unbedingt notwendig« oder wenigstens »ganz natürlich«[16].

Und wenn von Freiheit die Rede ist, dann wissen sie, was sie meinen: Meinungsfreiheit. 1949 war ihnen noch die Freiheit von Not das wichtigste, nur ein Viertel fand die Freiheit der Meinungsäußerung vorrangig. 1963 sind es über die Hälfte, 10 Prozent mehr, als noch vor einem Jahr. Die Spiegelaffäre scheint ihre Schatten geworfen zu haben. Das Notstandsbarometer sinkt.[17] Und auf der Allensbacher Wunschliste steht: »Dafür sorgen, daß die demokratischen Spielregeln besser eingehalten werden« (33 Prozent).

Die Große Koalition hoch im Kurs. Die alten Gegensätze zwischen CDU und SPD soll der neue Kanzler begraben, eine bessere Zusammenarbeit konstituieren (45 Prozent), und der Einfluß der Kirche soll abgebaut werden (40 Prozent).[18]

Fazit

Man sieht: So desinteressiert sind die Deutschen gar nicht an Politik, so unprofiliert und konfus ihre Meinungen nicht, wie die letzten Wahlkämpfe manch einen glauben machten. Auch nicht so BILD-infiziert und CDU-konform, so antikommunistisch und fromm, wie manche möchten. »Die schleichende Krankheit der Demokratie ist nicht eine angeblich naturgegebene politische Interessenlosigkeit der Bevölkerung, sondern die Unterbeschäftigung ihres Gemeinsinns« – meinen die Allensbacher Elisabeth Noelle und Gerhard Schmidtchen.[19] Und wenn man diesem Gemeinsinn etwas mehr Geltung verschaffte? Der Popularität von Erhard würde das sicher nichts schaden.

Anmerkungen

[1] Gerhard Schmidtchen und Elisabeth Noelle: Die Bedeutung repräsentativer Bevölkerungsumfragen für die offene Gesellschaft in Politik. Vierteljahresschrift Juni 1963, S. 188

[2] Allensbach am Bodensee, Okt. 1963; Divo-Pressedienst, August II/63

[3] Allensbach, Okt. 1963

[4] Emnid-Pressedienst, Juni 1963–1313

[5] Allensbach, im Okt. 1963

[6] Gerhard Schmidtchen: Die befragte Nation, Freiburg 1959, S. 163

[7] Allensbach – Oktober 1963

[8] Divo – Mai I/62; Allensbach, Okt. 1963

[9] Divo – Mai I/62

[10] ebenda

[11] E. P. Neumann u. E. Noelle: Antworten, Allensbach 1959, S. 120

[12] Allensbach – Okt. 63

[13] Allensbach – Ende April 63

[14] Emnid – Nr. 1297/1963; Divo, Juni II/62

[15] Allensbach – Ende Aug. 62, Emnid, Aug. 63, Nr. 1314

[16] Divo – Febr. I/63

[17] Emnid – Juni 63, Nr. 1303

[18] Allensbach – Okt. 63

[19] Schmidtchen/Noelle, a. a. O. S. 193

Nr. 11, 1963

Otto Grotewohl: Bis zum Zusammenschluß von SPD und KPD zur SED Mitglied der SPD, war bis zu seinem Tod 1964 Vorsitzender des Ministerrats der DDR.

Deutschland ohne Kennedy

Die Trauer verebbt, die Leere bleibt. Der Mann, von dem die Völker der Welt glaubten, er werde den Frieden machen, ist tot. Der Mann, auf den auch die setzten, die im Zwiespalt mit ihren eigenen Regierungen leben, ist nicht mehr.

Den Konservativen war er nicht bequem, den Linken nicht willfährig. Aber die Mächtigen mußten sich mit ihm arrangieren und die Ohnmächtigen setzten ihre Hoffnungen auf ihn.

Drei Schüsse in Texas machten allem ein Ende. Dann wurden Leitartikel gestammelt, Börsenkurse gerieten ins Wanken, Spekulationen schossen ins Kraut. Man begreift: Alles ist anders geworden und man wartet – man richtet sich ein auf Stunden, dann Tage, schließlich Wochen, hoffend, alles möge wieder zum Alten zurückfinden. Nicht Panik griff um sich, aber Orientierungslosigkeit, Hilflosigkeit, Unsicherheit. Regierungen und Oppositionelle fühlen sich vom Schicksal geprellt.

Aber es wird nichts zurückfinden. Was gefunden werden muß, sind nicht Rückwege, sondern Auswege – Alternativen, die in Deutschland Leben und Politik unabhängig machen von den Ereignissen in Dallas, dem Bürgerkrieg in Texas, der Machtlosigkeit der Mächtigen im Weißen Haus. Es geht nicht an, daß dieses Territorium, die Menschen, die hier leben, daß Deutschland in Angst und Unsicherheit gestoßen wird, weil Wahnsinnige im amerikanischen Süden mit dem Feuer spielen, weil ein Sicherheitsdienst versagt, weil die innenpolitischen Konflikte einer befreundeten Nation die Welt erschüttern. Wir, die wir selbst in tiefstem Unfrieden leben zwischen Neiße und Rhein, haben nicht Zeit, Zaungast und Statist eines Dramas zu sein, auf dessen Ausgang wir keinen Einfluß haben. Es muß begriffen werden in Deutschland, daß unser Geschick in unseren eigenen Händen besser aufgehoben ist, als in den Händen eines Großen Bruders, der selbst Spielball ist von Ereignissen, die sich seiner Kontrolle entziehen. Es ist an der Zeit, daß die deutsche Bundesrepublik von ihrer vor acht Jahren erlangten Souveränität souveränen Gebrauch macht.

Souverän – das heißt: bündnistreu, aber nicht bündnishörig. Das heißt: Politik machen, ohne sich auf amerikanische Atomwaffen zu verlassen; Politik machen ohne die Strategie der interkontinentalen Waffen, ohne Spekulation auf Besatzungstruppen und Big Lift, ohne Machtkämpfe in einem Nato-Rat, der durch texanische Scharfschützen handlungsunfähig gemacht werden kann. Souverän handeln heißt handeln im Maßstab von fünfzig Millionen Deutschen, die überleben möchten, in den Dimensionen zwischen Elbe und Rhein, im Bewußtsein eines verlorenen Krieges und der Spaltung der Nation, in Kenntnis der eigenen geographischen Lage, die keine atlantische ist, sondern eine mitteleuropäische.

Es muß eine Situation geschaffen werden, die Deutschland unabhängig macht von den Wechselfällen internationaler Politik, von der Willkür eines Attentäters in Übersee, seines Opfers und des zufälligen Nachfolgers. Das heißt für die Akteure deutscher Politik, daß sie direkt und ohne Umschweife eintreten in die Verantwortung für alles, was von unserer Seite aus mit Fug und Recht geschehen kann, um die Verhältnisse in Mitteleuropa zu stabilisieren.

Die Gegenstände und Ziele solcher politischen Initiative sind im engeren Sinne die Schaffung einer Rechtsposition für Berlin, die die Freiheit der Stadt und ihrer Zufahrtswege sichert, die Befriedung der deutschen Grenzen und die Beendigung des latenten Bürgerkrieges zwischen der Bundesrepublik und der DDR; im weiteren Sinne sind es der Ausbau der Handelsbeziehungen zwischen der Bundesrepublik und ihren osteuropäischen Nachbarn bis hin zur diplomatischen Anerkennung.

Was wir hier fordern ist nicht alt, sondern neu. Bis zum 22. November 1963 konnte man die Differenzen zwischen Freunden und Gegnern der Bonner Politik für Meinungsverschiedenheiten halten, die in Washington maßvoll entschieden wurden. Aber der Große Bruder ist nicht mehr groß und wir haben keine Zeit, ein Come back seiner Größe, nämlich das Ende der Auseinandersetzungen um die amerikanische Innenpolitik, abzuwarten.

Was wir fordern, ist auch gegenüber der Regierungskoalition in Bonn nicht unbillig, nicht einmal unrealistisch. Diplomatische Beziehungen zu Polen, Ungarn, Rumänien und der

Tschechoslowakei sind nur die logische Weiterführung der Außenpolitik Schröders. Sondierende Gespräche mit eben diesen Staaten über die Möglichkeiten eines Disengagements in Mitteleuropa unter Einschluß beider deutscher Staaten – kernwaffenfreie Zone und eventueller Abzug der Besatzungstruppen – vermöchten der Tatsache, daß die Bundesrepublik ohnehin keine Atomwaffen bekommt, entspannungsfreundliche Relevanz verleihen. Ein Ausbau der technischen Kontakte zwischen der Bundesrepublik und der DDR könnten zunächst Erleichterungen im innerdeutschen Reiseverkehr ermöglichen, darüber hinaus könnte das Feld abgesteckt werden, innerhalb dessen offizielle Gespräche zum Zweck der Normalisierung der innerdeutschen Beziehungen stattfinden dürften, ohne daß eine der beiden Seiten Selbstbewußtsein und Prestige verliert.

Souverän sein, heißt Herr im eigenen Haus sein. Souveränität aber gibt es heute nur noch in zwei Formen: durch Verfügungsgewalt über Atomwaffen – das war das Ziel von Franz Josef Strauß – oder durch Neutralität. Im militärischen Bündnis bleibt Satellit, wer keine Atomwaffen hat, weil ein moderner Krieg, auch wenn er mit konventionellen Waffen geführt wird, auf einer Strategie basiert, die den Einsatz von Atomwaffen – sei es militärisch, sei es als politisches Druckmittel – einkalkuliert. Man bleibt abhängig von dem, der die Bombe hat. Will man aus dieser Abhängigkeit heraus, muß man das militärische Spannungsfeld verlassen.

Wir sollten der neuen amerikanischen Regierung nicht den Bärendienst erweisen, ihr im Strudel der Konflikte noch länger die alleinige Verantwortung für die Lösung der deutschen Frage aufzubürden. Die deutsche Regierung sollte jetzt selbst handeln. Souverän handeln. Die deutsche Opposition muß ihr das abverlangen.

Nr. 12, 1963

Am 22. November 1963 wurde *John F. Kennedy*, seit 1960 Präsident der USA, in Dallas/Texas erschossen. – *Big Lift:* Manöver, das die westliche Reaktion auf einen Angriff der Staaten des Warschauer Paktes proben sollte. – »Big Lift« meint die sofortige Verlegung amerikanischer Streitkräfte von den USA und den verschiedenen Stützpunkten nach Westeuropa.

Provinz und kleinkariert

Eigentlich ist alles schon einmal gesagt worden: Daß die Stadt Bonn finsterste rheinische Tourismusprovinz ist; daß Adenauer, schon als er sein Amt antrat, verdammt alt war; daß seine Politik der ausschließlichen Westorientierung nur um den Preis der deutschen Wiedervereinigung durchgeführt werden konnte; daß viel zu viele alte Nazis in der Armee, in den Ministerien, in der Justiz und der Polizei, in der Lehrerschaft, kurz: in Ämtern und Würden sitzen; und daß das beste an der Bundesrepublik ihr Grundgesetz ist, welches bezeichnenderweise zwar nicht ohne Adenauer, aber vor seiner Ära entstand. Auch die unausgesprochenen Argumente der anderen Seite sind nicht unbekannt: daß eine solide und rasche Wiederaufrüstung ohne den Rückgriff auf ein paar geschulte, versierte Nazi-Offiziere gar nicht möglich gewesen wäre, die ihrerseits eine systematische Aufklärung über die Rolle des deutschen Militarismus in Kaiserreich, Weimar und NS-Staat verhindern mußten, wenn sie eine Armee mit ein bißchen Tradition und Selbstvertrauen – eine brauchbare Armee – aufbauen wollten, ohne das Mittel ihrer Zersetzung selbst beizusteuern; daß der glänzende, im In- und Ausland bewunderte Aufstieg der Bundesrepublik mit fast nahtlosem Anschluß an das westliche Militärsystem samt Überbau so reibungslos nicht vonstatten gegangen wäre ohne die Verwendung einer erprobten, bewährten, ergebenen Beamtenschaft und sonstiger Fachleute, die nicht so hoch qualifiziert wären, hätten sie nicht unangefochten ein bestimmtes Parteiabzeichen getragen und den Staat, den braunen, dazu.

Alles ist schon einmal gesagt worden über die Ära Adenauer, zu Zeiten ihres Aufstiegs, zu Zeiten ihres Glanzes und nun, da es zumindest mit IHM zu Ende geht, kurz: über die Bundesrepublik seit ihrer Gründung und der Wahl Konrad Adenauers zum Bundeskanzler im Jahre 1949 bis jetzt, Mitte August 1963. Denn was die Bundesrepublik ist, ist mit dem Namen Adenauer ebenso eng verbunden, wie er selbst nur durch eine Beschreibung der Bundesrepublik charakterisiert werden kann.

Alles ist schon einmal gesagt worden, aber nichts und nirgends wurde etwas begriffen.

In diesem Land wird gelebt, als gäbe es keine anderen Bündnispartner als die der NATO; als wäre Christlichkeit etwas so selbstverständliches wie Peter-Stuyvesant-Werbung; als wäre der Nationalsozialismus ein bedauerlicher Fauxpas; Wehrpflicht nichts anderes als eine Unterbrechung der Ausbildung und des beruflichen Fortkommens; der Bundestag ein Fachausschuß von Sachverständigen für Sachverständige; die Oder-Neiße-Grenze ein Produkt sowjetischer Willkür, die DDR ein Wechselbalg kommunistischer Weltverschwörung; die deutsch-französische Freundschaft ein Beitrag zur Völkerverständigung.

Die Dominanz solchen Lebensgefühls wird jeweils deutlich, wenn Leute und Fakten anderen Geistes ins Licht der Öffentlichkeit geraten. Da durfte der als Atheist bekannte Max Bense erst Ordinarius für Philosophie werden, nachdem man ihm einen katholisch-christlichen, wenngleich nicht unbedingt konservativen, Kollegen an der TH Stuttgart zur Seite gestellt hatte. Sie haben Szczesny geschaßt, Sethe wird immer stiller und Augstein hat seinen Erfolg in Sachen Strauß mit monatelanger Haft bezahlt. Daß Fränkel und Globke, Oberländer und Reinefarth, Speidel und Foertsch mehr waren als Mitläufer, berührte ihre Vorgesetzten stets peinlich, als es bekannt wurde, Konsequenzen daraus wurden nur unter Druck gezogen. Parlamentsberichte erscheinen in den Spalten der Zeitungen mit der Unverbindlichkeit von Akademiegesprächen, oppositionelle Argumente werden nur noch als Bonmots verbreitet. Neven-Dumont hat man beinahe gelyncht, aber die ihn verteidigen, vermeiden es sorgfältig, sich zum Anwalt der polnischen Westgrenze zu machen. Wer eine Versachlichung der Beziehungen zur DDR, eine Versachlichung der bundesdeutschen Vorstellungen von diesem andern deutschen Staat empfehlen wollte, mit dem Ziel innerdeutscher Verhandlungen, befindet sich am Rande des publizistischen Selbstmordes. Paczensky hat schon für geringere Mutproben die Panorama-Redaktion verlassen müssen. Es blieb den Amerikanern vorbehalten, stellvertretend für die nicht vorhandene deutsche Opposition den Verdacht auszusprechen und von Bonn dementieren zu lassen, daß der deutsch-französische Vertrag ein reaktionäres Militärbündnis koordiniert egoistischer Interessen der Führungskräfte beider Staaten ist.

Vierzehn Jahre Adenauer haben aus 55 Millionen Deutschen, Schreibern und Lesern, Politikern und Kommentatoren, Zuschauern und Produzenten an Fernsehschirm und Leinwand ein Volk von Halbinformanden und Halbinformierten gemacht, von denen die einen nur die Hälfte dessen sagen, was sie wissen, von denen die anderen nur die Hälfte dessen erfahren, was sie brauchen; belastet mit Vorurteilen, umgeben von Tabus, eingeschnürt in Illusionen, so daß sie ihre eigenen Vorteile nicht mehr zu erkennen vermögen, ihre eigenen Interessen nicht mehr wahrzunehmen.

Als 1961 der vierte deutsche Bundestag gewählt wurde, konnten die derzeitigen Regierungsparteien 58,2 Prozent der Stimmen auf sich vereinigen, obwohl bekannt war, daß ein Krankenkassenneuregelungsgesetz bevorstand, das für etwa zwei Drittel der Gesamtbevölkerung Mehrbelastungen mit sich bringt, wie man sie seit 1911 der deutschen Arbeitnehmerschaft nicht zugemutet hatte. Auch war publik geworden, daß die Termine des sogenannten Lückeplanes in der neuen Legislaturperiode fällig würden, der für die nahezu gleichen zwei Drittel, die nämlich als Arbeitnehmer in Mietwohnungen leben, Mieterhöhungen und die Aufhebung des Kündigungsschutzes mit sich bringt, eine Rechtsunsicherheit, die seit 1923 kein Parlament und keine Partei auch nur zu planen gewagt hatte. Schließlich war es auch kein Geheimnis mehr, daß der Bau von Luftschutzkellern – weitgehend zu Lasten der Mieter – projektiert ist, und daß die Lebensmittelbevorratung zur Pflicht gemacht werden wird. Daß man Notstands- und Antistreikgesetz plant, war geläufig. Aber 58,2 Prozent schenkten denen ihr Vertrauen, die solche Vorhaben durchführen würden, dieserart in Wohnstuben und Küchen herumpfuschen, Lohntüten anzapfen, Behaglichkeit aufstöbern, Rechte einschränken, Freiheiten abschaffen würden.

So groß wie die Unkenntnis unmittelbar eigener Angelegenheiten ist vermutlich auch die Naivität gegenüber den großen außenpolitischen Ereignissen. Nicht die Gesinnung der Leute steht dabei in Frage, sondern die Maßstäbe, mit denen sie Gewicht und Belang augenscheinlich historischer Daten wägen.

Zwei Beispiele:

Als am 4. Oktober 1957 der erste sowjetische Sputnik um die Erde piepte und einige Milliarden Erdenbürger fasziniert die Eroberung des Weltraums zur Kenntnis nahmen, da beruhigte der deutsche Bundeskanzler mit bewährter Banalität die Sorgen der westlichen Welt über den sowjetischen Raketenvorsprung mit den Worten: »Hoch ist nicht flach«, womit für ihn dieses epochale wissenschaftliche Ereignis abgetan war.

In den Tagen, da in Moskau das Abkommen über einen Atomwaffenversuchsstop ausgehandelt wurde und in London, Moskau und Washington die Limousinen der akkreditierten Botschafter vorfuhren, die Federhalter, mit denen das Werk unterschrieben wird, nicht abkühlten, eine Atmosphäre in den Ost-West-Beziehungen entstanden ist, wie es sie seit den Konferenzen des Zweiten Weltkrieges nicht gab, in diesen Tagen wird in Bonn über die Um-Gottes-willen-Nichtanerkennung der DDR gejammert, warnen WELT und FAZ vor einer Überschätzung des Abkommens, bemüht sich Höfer, seinen Frühschoppenkollegen Pessimismus abzuverlangen, Verkleinerung, Wenns, Abers, als würde hier wieder einmal etwas maßlos überschätzt, als wäre das Moskauer tête à tête eine schreckliche Belanglosigkeit, und ist doch das Gegenteil.

Wie soll der normale Fernseh- und Zeitungs-Konsument aus so viel Provinzialismus, aus so viel Mief und Muff Weltzeitgeschichte begreifen?

Sie lebt an sich selbst und ihrer Geschichte vorbei, die Bevölkerung der Bundesrepublik, uninformiert, unaufgeklärt, desorientiert, unentschieden zwischen Pril und Sunil, im Bilde über Alete-Kinderkost und Küchenmaschinen, nicht über Nichtangriffspakt und Kernwaffenfreie Zonen.

Die da zu wenig von sich selbst wissen, um für sich selbst sorgen zu können, zu wenig von der Welt, um – wenn alle vier Jahre gefragt – zu wissen, was eigentlich zur Auswahl steht, sind aber bestens unterrichtet über die Unterschiede zwischen den Partys des römischen Hochadels und denen der ordinären römischen Geldleute, kennen Mädchen und Männer der britischen High Society, nackt und bekleidet, wissen alles über die Gefühle einer persischen Ex-Kaiserin. Vielleicht wissen sie sogar noch etwas über Ausbeutung in Brasilien, Betrug in Hongkong, Armut und Korruption in Sizilien, Mord in Griechenland, Rassenkrawalle in USA, Apartheid in Kapland, dessen sich die illustrierte Presse alleweil mit Sorgfalt annimmt, was aber das Dilemma der Kenntnislosigkeit von dem, was im eigenen, geteilten, gerüsteten Land geschieht, nicht aufwiegt.

Es wäre falsch, diese Misere einzig dem einen Mann, von dem in diesem Buch hauptsächlich die Rede ist, in die Schuhe zu schieben.

Aber Hachfeld wäre nicht so erfolgreich mit seiner Amadeus-Tranfunzel und Springer nicht mit seiner BILD-Familie, wäre das, was in Bonn geschieht, nicht selber kleinkariert und provinziell, anmaßend und altmodisch. Und was dort geschah, ist nun mal hauptsächlich diesem einen Manne anzulasten.

Anmaßend muß es genannt werden, von Bonn aus mit einer Politik der Stärke die größte Militärmacht neben den USA in die Knie zwingen zu wollen; mit der größten Landarmee nach der Sowjetunion auf dem europäischen Kontinent gegenüber Ost und West aufzutrumpfen; Raketenbasen an der Elbe zu installieren; Ostsee-Schiffchen mit Polarisraketen bestücken zu wollen; in der Nato eine Führungsrolle zu spielen, als gäbe es in der westlichen und neutralen Welt nur eine Sehnsucht, die Sehnsucht nach der bundesrepublikanischen Pfeife, als gäbe es gegenüber dem Ostblock nur ein Argument, die Stärke der deutschen Armee, die Tapferkeit des deutschen Soldaten.

Altmodisch erscheint es angesichts von Wasserstoffbomben, die mehrmals die Erde zu zertrümmern vermöchten, sein Glück auf die französische Atomwaffenproduktion zu setzen, altmodisch, sich gegen Atombomben in Luftschutzkeller zu verkriechen, die nur vor einstürzenden Gebäudeteilen, nicht vor Hitze und Druck, auch nicht vor radioaktiver Strahlung schützen; altmodisch, angesichts von Kriegsgefahr, von Hunger, Obdachlosigkeit und Analphabetentum in der Welt, die Bekämpfung des Kommunismus zur Hauptaufgabe zu wählen; altmodisch, mit spanischem Gottesgnadentum zu kokettieren und mit Salazars Obrigkeitsklerikalismus; altmodisch, einer potentiell unbotmäßigen Arbeitnehmerschaft mit Ausnahmeparagraphen zu drohen; altmodisch, angesichts überfüllter Universitäten und einem gleichzeitigen Nachwuchsmangel an Akademikern, die Studenten von den Hochschulen fernhalten zu wollen.

Kleinkariert ist es angesichts der Rekordhaushalte dieses wohlhabenden, hochindustrialisierten Landes, die Zahlung von Kindergeld für Zweitkinder von einer Bedürftigkeitsprüfung der Familieneinkommensverhältnisse abhängig zu machen; kleinkariert, das Kindergeld für Zweitkinder dem Familieneinkommen bei der Berechnung von Wohnbeihilfen hinzuzurechnen; kleinkariert, mit einer Krankenkassenselbstbeteiligung den Krankenstand der Arbeitnehmerschaft noch herabsetzen zu wollen, auf Kosten einer ohnehin miserablen Volksgesundheit, zugunsten eines ohnehin überhöhten Frühinvalidenstandes; kleinkariert, einer für Lohnerhöhung streikenden Arbeitnehmerschaft ihre Kleinwagen und ihre paar Häuschen vorzuhalten; kleinkariert, den Erdbebengeschädigten von Skopje ganze 50000 Deutsche Mark zur Verfügung zu stellen.

Von provinzieller Befangenheit und Enge zeugt es, wenn Minister, Präsidenten und Kanzlernominierungen mit einem Konfessionsproporz verkoppelt werden; wenn einem Kanzlerkandidaten seine uneheliche Herkunft angekreidet wird; wenn studentischer Oppositionsgeist auf das Konto jugendlicher Narrenfreiheit verbucht wird; wenn opponierende Schriftsteller der Bildung geheimer Reichsschrifttumskammern verdächtigt werden; wenn einem Pfarrer das Recht abgesprochen wird, sich aus Protest gegen die Obrigkeit auf die Straße zu setzen; wenn Professoren, die in der Politik mitsprechen, der Weltfremdheit bezichtigt werden; wenn ein Bundestagsabgeordneter gemaßregelt wird, weil in seiner Zeitschrift über Sein und Nichtsein von Höllenfeuern gehandelt wird; wenn sich eine weltliche Regierung die Kritik an einem verstorbenen Papst verbittet; wenn mit einer Hallsteindoktrin die Existenz eines 17 Millionen-Staates, dem fünftgrößten Industrieproduzenten Europas, geleugnet werden soll; wenn das Bonner Echo auf das Moskauer Atomstoppabkommen nur aus der Angst vor einer eventuellen Aufwertung der DDR besteht.

Da stehn wir nun, nach 14 Jahren Kabinett und Regierung Adenauer, wohlgenährt und kenntnislos, übervorteilt und zufrieden, mit Eichhörnchenvorrat darüber hinweggetäuscht, daß der Krieg uns das Leben kostet, mit Kindergeld über erhöhte Mieten getröstet, mit Christlichkeit und Wohlstand gegenüber den Anfechtungen des Kommunismus gefeit, beklagend die Toten an der Mauer, aber der Versuchung Widerstand leistend, durch einfaches Verhandeln das Leben hier und dort zu erleichtern.

Die Ära Adenauer war eine trübe Zeit. Sie bewältigen und überwinden heißt, sie beschreiben, analysieren, durchschauen und dann alles ganz anders machen, als ER es gedacht, getan und gewünscht hat.

Aus: die Ära Adenauer. Einsichten und Ausblicke.
Frankfurt (Fischer Bücherei) 1964

Gerhard Szczesny: Publizist, zeitweise Vorsitzender der »Humanistischen Union«. Wegen seines engagierten Antiklerikalismus verlor er seinen Posten als Redakteur beim Bayerischen Rundfunk. – *Paul Sethe:* liberal-konservativer Journalist, in den 50er Jahren Mitherausgeber der »Frankfurter Allgemeinen Zeitung«; wurde wegen seiner relativ offenen Haltung zu den Deutschlandplänen der Sowjetunion aus der FAZ herausgedrängt. – *Wolfgang Fränkel:* Während des zweiten Weltkriegs Richter am Reichsgericht in Berlin, dort verantwortlich für die Aufhebung zahlreicher Urteile von Sondergerichten und somit – in mindestens 17 Fällen – für die Umwandlung von Gefängnis- und Zuchthausstrafen in die Todesstrafe. War nach dem Krieg unbehelligt als Jurist tätig und wurde 1962 Bundesanwalt; erst nachdem die DDR belastendes Material gegen ihn vorgelegt hatte, mußte er noch im gleichen Jahr von diesem Posten zurücktreten. – *Hans Globke:* Er schrieb einen offiziellen Kommentar zu den Nürnberger Rassegesetzen und war gleichwohl unter Adenauer jahrelang Staatssekretär im Bundeskanzleramt. – *Theodor Oberländer:* Vertriebenen-Minister unter Adenauer, mit eindeutiger nationalsozialistischer Vergangenheit; mußte 1960 zurücktreten. – *Heinz Reinefarth:* SS-General, Leiter der »Kampfgruppe Reinefarth« in Warschau. Ein Prozeß gegen ihn wurde 1961 aus »Mangel an Beweisen« eingestellt. Bis 1969 war er Bürgermeister in Westerland/Sylt und ist heute noch als Anwalt tätig. – *Friedrich Foertsch:* aktiver Nazi, Oberstleutnant der Wehrmacht, beteiligt an der Zerstörung von Leningrad und zahlreichen anderen Städten und Dörfern. Später Generalleutnant der Bundeswehr, zeitweise ihr Generalinspekteur. – *Jürgen Neven-Dumont:* er erregte einen Sturm der Entrüstung, als er in Fernsehsendungen über Polen in vorsichtiger Form für die Anerkennung der Oder-Neiße-Linie plädierte. – *Gerd von Paczensky:* Anfang der 60er Jahre Leiter des ARD-Magazins »Panorama«; wurde wegen kritischer Berichterstattung (u. a. über die deutsche Frage) seines Postens enthoben. – *Hachfelds Amadeus-Tranfunzel:* Seit Mitte der 50er Jahre erschienen regelmäßig in der Wochenendausgabe der Tageszeitung »Die Welt« satirisch-humoristische Verse von Eckart Hachfeld; sie handelten von einer Figur namens Amadeus, die – wie Diogenes eine Laterne in der Hand haltend – die ›Schwächen‹ der Menschen, insbesondere der Politiker, versöhnlich-kritisch beleuchtete. – *Antonio Oliveira Salazar:* von 1932 bis 1968 faschistischer Diktator Portugals. – *Reichsschrifttumskammer:* das führende CDU-Mitglied *Josef Hermann Dufhues* hatte die Gruppe 47 mit der nationalsozialistischen Reichsschrifttumskammer verglichen. – *Hallsteindoktrin:* informelle, nie schriftlich fixierte Doktrin seit 1955; ihrzufolge drohte die Bundesregierung jedem Land den Abbruch der diplomatischen Beziehungen an, das mit der DDR offizielle Beziehungen aufnahm.

Zum 20. Juli

Am 20. Juli sind sich alle einig. Die Atomwaffengegner mit den Aufrüstern, der Generalinspekteur der Bundeswehr mit dem Wehrbeauftragten, die Gewerkschaften mit der Bundesregierung, die Frankfurter Allgemeine mit uns. Das Ereignis des 20. Juli 1944 war so groß, sein Ausgang so tragisch, daß keiner auch daraus noch Kapital schlagen, die Tradition dieses Tages dem Krämergeist politischen Tagesstreites ausliefern möchte. So sind aus den Jahrestagen des 20. Juli Tage der Eintracht geworden. Wir fühlen uns alle – wie es gelegentlich eine gewisse Kitschpresse zu formulieren beliebte – irgendwie besser an diesem Tag und ernster, ein Hauch von Vanitas ficht uns an, beim Mampe-Cocktail verstummt die Minikini-Diskussion.

An dieser Einigkeit stimmt alles und nichts. Freilich hat sie in den Ereignissen des 20. Juli 1944 einen realen Hintergrund. Jene Offiziere, die schließlich das Gesetz des Handelns im deutschen Widerstand gegen Hitler übernahmen, deren Tat sichtbarer und glänzender in Erscheinung trat als alles, was von Kommunisten, Sozialdemokraten, Gewerkschaftlern, Christen und Studenten geleistet worden war, handelten wie nie zuvor die Mitglieder einer herrschenden Kaste im Interesse des ganzen deutschen Volkes. Diese stockkonservativen Politiker, Adligen und Offiziere versuchten zu vollziehen, was das unerreichte Ziel der Linken war: Die Beseitigung des Nationalsozialismus, die Beendigung des Krieges, die Wiederherstellung des Rechtsstaates. Diese absolute Interessengleichheit zwischen einer kleinen Schicht mächtiger Männer und allen Schichten des deutschen Volkes, das ist es, was der Osten in der Einschätzung des 20. Juli 1944 meist nicht wahrhaben will, was im Westen all diejenigen eint, die diesen Tag feierlich begehen.

Aber im Blick auf uns Heutige, auf Atomwaffengegner hier und Aufrüster dort, auf Generalinspekteur und Wehrbeauftragten, Gewerkschaftler und Bundesregierung stimmt nichts an dieser Einigkeit, ist Zwietracht am Platze, nicht Sentimentalität. – An dem doppelzüngigen Gerede vom Aufstand des Gewissens scheiden sich die Geister. Wer von Gewissen spricht, als dem Ursprung damaligen Handelns – so wie Trettner, Lübke, von Hassel und die Bundesregierung es tun, – wer sich auf diese letzte Bastion unkontrollierbarer Innerlichkeit zurückzieht, sucht nur den Freispruch für jene, die nicht dazu gehörten, nicht handelten, sich nicht empörten. Es bedarf aber keines empfindlichen Gewissens, keiner sensiblen Innerlichkeit, um angesichts des Mordes an Millionen von Juden, eines verbrecherischen Krieges angesichts der Schrecken der NS-Herrschaft zum politischen Attentäter zu werden. Die Verbrechen des Nationalsozialismus trieben Männer und Frauen des 20. Juli 1944 in den Widerstand. Jene Verbrechen, die fortleben in noch nicht abgesetzten Nazirichtern, in der Person des Staatssekretärs im Bundesministerium für Entwicklungshilfe, Vialon, der während der NS-Zeit als Leiter der Abteilung Finanzen beim Reichskommissar für das Ostland in Riga mit der Verwaltung und Verwertung jüdischen Vermögens betraut war, dessen Rücktritt die sozialistischen und liberalen Studenten in Berlin zum zwanzigsten Jahrestag des 20. Juli gefordert haben. Die da von Gewissen reden, deren Gewissen schlug nicht, als sie diesen Mann in sein Amt beriefen, deren Gewissen schlägt nicht, wenn sie erneut Kommunisten verfolgen und Nicht-Kommunisten als Fellow-traveller verdächtigen, wenn sie erneut die Beseitigung von Grundrechten planen, wenn sie für die Bundeswehr Atomwaffen wünschen; Atomwaffen für eine Armee, die nicht einmal die Disziplin hat, die Prinzipien der Inneren Führung konsequent anzuwenden, deren Führer und Unterführer nicht einmal fähig sind, mitten im Frieden Hitzemärsche maßvoll durchzuführen. Wer einen Rekruten bei 30 Grad Hitze zu Tode hetzt, soll im Ernstfall im Gebrauch von Atomwaffen maßvoll, human und verantwortungsvoll sein? Da fängt das Gerede vom Gewissen an ein Schweigen über Verbrechen zu werden.

Es ist an der Zeit, zu begreifen, daß die Vergasungsanlagen von Auschwitz in der Atombombe ihre technische Perfektion gefunden haben und daß das Spiel mit Atombomben im Blick auf die Deutschen in der DDR, die Polen jenseits von Oder und Neiße, die Tschechen im Sudetenland, die Russen im Baltikum das Spiel mit einem Verbrechen hitleristischen Ausmaßes ist. Es ist an der Zeit, zu begreifen, daß der Kampf der Männer und Frauen des 20. Juli im Widerstand gegen Unrecht und Gewalt noch nicht endgültig gewonnen ist. Das Schreckliche braucht noch nicht geschehen zu sein, um unseren Widerspruch herauszufordern. Das Come-back eines Franz Josef Strauß ist auch noch nicht die Stunde des politischen Attentats. Dennoch: Die Geister, die sich am 20. Juli 1944 schieden, sind heut noch getrennt.

Nr. 7/8, 1964

Heinz Trettner: Bundeswehr-General und zeitweise General-Inspekteur der Bundeswehr; im Dritten Reich hoher Wehrmachtsgeneral, u. a. auch in der »Legion Condor«. – *Kai Uwe von Hassel* (CDU) war mehrere Jahre Bundesverteidigungsminister.

Ein Mann mit guten Manieren
Ein Tag Karl-Wolff-Prozeß

Manchmal stöhnt das Publikum auf. Und dann sitzt es wieder still, stundenlang, aufmerksam, hilflos. »Unglaublich, wie die Deutschen wiedermal ihr eigenes Nest beschmutzen«, hörte ich einen Volksdeutschen aus dem Banat einer Generalstabsoffizierswitwe, die immer noch um ihre Pension kämpft, zuflüstern, während im Zeugenstand Karl Wolff, der Angeklagte, schwer belastet wurde. »Aufhängen sollte man den Kerl, sofort aufhängen, die ganze Bande aufhängen!« lamentierte einer vom Jahrgang 22 in der Pause. Eine alte Frau hinter der Pressebank brabbelte ohne Punkt und Komma vor sich hin. »Sowas hat regiert. Und jetzt sind sie unschuldig. Nein. Furchtbar. Ja, vergast hat man sie. Abtransport. Auch die kleinen Kinder. Nein. Arroganter Kerl. Gut reden haben die. Und die Frauen. Alle weg. Ja. Nein ...«

In sechs Wochen Karl-Wolff-Prozeß ist sich die deutsche Öffentlichkeit nicht schlüssig geworden, was sie von dem persönlichen Adjutanten des Reichsführers-SS Heinrich Himmler, dem General der Waffen-SS, dem höchsten SS- und Polizeiführer in Italien, dem Verbindungsmann zwischen Himmler und Hitler, zu halten hat. Sie weiß, daß er ein Mann von Welt war und heute noch ist, ein Gutausseher, Blender und Salonlöwe, damals blond, heute weiß mit leuchtenden blauen Augen, ein Recke, ein Germane, ein Vollblutarier, Erzeuger vieler Kinder mit zwei Ehefrauen, denen er beiden mehr oder weniger treu war. Ein Mann mit Grundsätzen, falschen zwar, aber immerhin Grundsätzen, wenn sie auch überholt sind, man trägt nicht mehr Hut und ist nicht mehr Nazi, höchstens gegen die Juden, gegen Goldwater zum Beispiel. Wolff ist angeklagt, bei der Ermordung von einmal 120, einmal 300000, einmal 6000 Juden geholfen zu haben, des Mordes also klipp und klar. Als Vera Brühne vor zwei Jahren im gleichen Schwurgerichtssaal im Münchner Justizpalast des Mordes an einem Arzt und seiner Haushälterin, ganzer zwei Personen also, verdächtigt wurde, ihrerseits auch eine schöne Person, elegant, blond, schlank, von Welt, aber ohne Grundsätze, mehr untreu als treu ihren jeweiligen Gatten und Begattern, da war die deutsche Öffentlichkeit mit dieser Frau schon am ersten Verhandlungstag fertig, die Stimmung war gegen sie, der Fall war klar; später erfuhr man, daß die Geschworenen gar nicht anders konnten, als sie schuldig sprechen, unter dem Druck der öffentlichen Meinung in Stadt und Land. Es ist billig, einen Angeklagten zu verspotten, übel, sich über den, der schon in polizeilichem Gewahrsam ist, lustig zu machen, unmöglich, den versäumten Widerstand gegen den Nationalsozialismus in Antipathiebekundungen gegen einen Karl Wolff nachzuholen, daß aber die Prüderie gegenüber der Brühne mehr Gift produzierte als die Abneigung gegen die mutmaßlichen Verbrechen eines Karl Wolff, ist beklagenswert, weil naiv und in jeder Hinsicht unaufgeklärt. Die Chronistin, glücklicherweise Mitglied einer Generation, die den Nationalsozialismus nicht mehr bewußt erlebte, der Gelegenheit entgangen, mitschuldig zu werden, sei es durch Bewunderung, sei es durch Mangel an Zivilcourage, hat nie so viele ehemalige SS-Leute auf einmal gesehen, wie im Zeugenstand des Karl-Wolff-Prozesses, die ihren C & A-Anzug auf kantigen Schultern tragen, immer noch die Hacken – jetzt lautlos – zusammenschlagen, statt Ja »Jawoll« sagen und sich dann, einer nach dem andern, beim Verlassen des Gerichtssaales, knapp, mit männlich verhaltenem Schneid vor dem Angeklagten verbeugen, dem SS-Obergruppenführer und General der Waffen-SS a. D. Karl Wolff. Sie sagen, daß sie heute anders dächten als damals, daß man unter den damaligen Bedingungen nicht anders gekonnt hätte, daß sie schon damals in Gewissensnot geraten seien, aber wenn sie dann zum Thema kommen, eigene Erinnerung und Meinung mitteilen, sind sie die ganz und gar Unbelehrten, Unbeeindruckten, Unverbesserlichen von damals.

Der Zeuge Wilhelm Karl Hinrich Koppe, 68, verheiratet, zuletzt Direktor eines Industriewerkes, Wohnsitz Bonn, während des Krieges General der Polizei in der dritten Stufe – also kommandierender General, wie er hervorhebt – General der Waffen-SS, SS-Obergruppenführer, von Dezember 39 bis Dezember 43 Höherer SS- und Polizeiführer im

Warthegau, berichtet, wie er, der Zeuge, das Judenvernichtungslager Kulmhof (Chelmno) zum Erliegen gebracht hat. »Ich habe gewußt, daß es Vernichtungsaktionen gab. Ich habe es durch Zufall erfahren. Eines Tages – erzählt Koppe – bin ich bei Greiser (dem Reichsstatthalter im Warthegau, 1946 in Posen gehenkt) und wollte mit ihm Umsiedlungsprobleme besprechen. Meine Aufgabe war die Ansiedlung der Deutschen im Warthegau. Himmler lobte mich immer als guten Organisator. Ich habe mindestens 300000 Menschen angesiedelt. Aus dem Baltikum, aus der Dobrudscha, aus Galizien.« Der Gerichtsvorsitzende unterbricht: »Die Voraussetzung für die Ansiedlung war doch die Umsiedlung der dortigen Bevölkerung?!« Der Zeuge: »Jawoll, die Aussiedlung von Juden und Polen. Die ging ziemlich schnell. Also während ich bei Greiser sitze, ruft Bouhler (Chef der Führerkanzlei, 1945 Selbstmord) an. Das Gespräch drehte sich um Schnaps. Greiser legte auf. Ich fragte: Bestellt Bouhler bei euch Schnaps? Greiser: Aber nein, das ist für die Einsatzkommandos. Wegen der Judenvernichtung. Ich machte Greiser sofort Vorhaltungen. Ich sagte: Aber Kinder, wir zerschlagen uns doch hier die ganze Ansiedlung. Das bleibt doch nicht geheim. Das Vernichtungslager Kulmhof war mitten im Ansiedlungsgebiet. Wutentbrannt bestellte ich den Inspekteur der Sicherheitspolizei zu mir. Ich fragte ihn: Warum haben Sie mir nichts von Kulmhof gesagt? Der Inspekteur: Ich bin dafür nicht zuständig. – Ich hatte zwar ein Recht, selbst alles zu inspizieren, aber da ich keine Weisungsbefugnis hatte, hatte das keinen Zweck. Ich kann einen untergeordneten Offizier nicht bitten, so was muß man anordnen. Und dann kamen die Fragen der Ansiedler. Sie sahen die Lkw mit den Juden, und dann fragten sie: Was macht ihr mit den Juden, die fahren immer rein und kommen nicht mehr raus? Mir schlug die Schamröte ins Gesicht. *Ich* habe Kulmhof zum Erliegen gebracht!« Er sagt nicht wie, er sagt nur das.

Der Zeuge gibt dem Gericht eine weitere Episode zum besten, wie er, der SS-Obergruppenführer, der Judenvernichtung Einhalt gebot: »Anfang Dezember 1943 wurde ich nach Krakau versetzt. Da kommt Generalleutnant Schindler zu mir. Dem ging es um die Rüstungsjuden. Schindler sagte zu mir: Bitte helfen Sie mir, daß ich die Juden behalten kann, sonst bricht die Rüstung zusammen. Erst sagte ich zu Schindler, wie soll ich Ihnen helfen, ich bin nicht legitimiert. Dann fragte ich ihn: Wären Sie bereit, sich mir zu unterstellen, wenn Speer mich zum Generalbevollmächtigten für die Rüstung im Warthegau macht? Schindler: Sofort. Wenn es um die Rüstung geht, verzichte ich auch auf einen Stern. Da bringe ich jedes Opfer. Ich fuhr also nach Berlin zu Speer. Speer war einverstanden. Von da an konnte ich sagen: Wenn ihr mir die Juden wegnehmt, verlieren wir den Krieg!« »Ich bin Idealist« – erklärte der Zeuge – »Ich ging zur Partei, weil Deutschland, mein Vaterland, in der Gefahr stand, vom Kommunismus überrollt zu werden. Ende 1931 erhielt ich den Auftrag, einen SS-Sturm in Hamburg-Harburg aufzuziehen. Ist mir sehr gut gelungen. – Ich meine, heute ist es falsch, wenn ich so sage, aber damals war es so.« Mit Wolff ist er im September 40 in Berlin zusammengekommen. »Ich hatte Besprechungen mit dem Hauptamt. Es war üblich, wenn man in Berlin war, zu fragen, wer ist da von den oberen Leuten. Man sagte mir: Wölffchen ist da. Wir trafen uns in der Prinz-Albrecht-Straße (dem Sitz des Reichsführers-SS) oder im Kaiserhof, bei einer Tasse Kaffee. Wir unterhielten uns über die Frontlage. Ich war damals schon etwas skeptisch. Wir hatten zwar große Erfolge, aber das Kriegsende war nicht abzusehen. Wolff sagte: Unsere heroischen Armeen sind im Vormarsch. Er beruhigte mich. Ich sagte: Kinder, macht ihr euch im Führerhauptquartier keine Gedanken, wegen der Bomben und so. Ich sagte: Wölffchen, wollen wir nicht endlich mal die Rüstungsindustrie ... Wolff unterbrach mich: Der Führer hat an alles gedacht. Es wird im Osten ein Riesenrüstungszentrum angelegt. Jüdische Arbeitskräfte stehen zur Verfügung. Polen und Juden. Hunderttausende. Eine Million. Es läuft schon an, mit Gaswerk, E-Werk, Eisenbahnanschluß und allem. – Ich fuhr beruhigt zurück. Später erfuhr ich, daß das eine Utopie war.« Nach dem Krieg habe er sich »mühsam durchgeschlagen«, unter falschem Namen, auf Lohmann hatte ihm Stuckhardt, Staatssekretär im Reichsinnenministerium, einen Paß ausgestellt, hat sich auch mit Wolff getroffen, einmal in Wuppertal, einmal noch woanders, was dort gesprochen wurde, weiß er nicht mehr.

Über ihre Begegnungen mit Wolff sind sie alle nicht mehr

im Bilde, können sich partout nicht erinnern, auch was bei der polizeilichen Vernehmung vor ein, zwei Jahren gesagt wurde, ist in der Zwischenzeit vergessen worden. »Ich bin so vergeßlich, beteuert der persönliche Fahrer von Himmler, heute Busfahrer in Wedel/Holstein – daß ich meinen Dienstgrad als Busfahrer von einer Woche zur andern aufschreibe, sonst vergeß ich ihn. »Es geht um die Besichtigung des Lagers Sobibor im Sommer 1942 oder Frühjahr 1943, ein Judenvernichtungslager für die Juden aus dem Warschauer Ghetto, eingerichtet von dem Höheren SS- und Polizeiführer im Generalgouvernement Globocnik. (Soll im Mai 1945 Selbstmord begangen haben.) An der Besichtigung haben mit Sicherheit Himmler und Globocnik teilgenommen; man will wissen, ob Wolff dabei war. Bei der polizeilichen Vernehmung hatte der Zeuge überraschend ausgepackt. »Einmal, dessen erinnere ich mich genau, kam ich mit Himmler und Wolff zu einer kleinen Haltestelle. Dort wartete eine Lokomotive mit einem Wagen. Da stiegen Himmler und Wolff ein.« Es war ein nachträglich gelegtes Gleis. Der Zug kam, in umgekehrter Richtung, mit schiebender Lokomotive nach 6 bis 8 Stunden zurück. Vor Gericht nun gefragt: »War Wolff dabei?«, weiß der Zeuge es nicht mehr. »Ich würde Wolff ja nicht in Schutz nehmen. Ich fand das nicht richtig, daß er mit dem allem noch Geld verdient hat. (Gemeint ist Wolffs Illustriertenbericht aus dem Jahre 61 unter dem Titel: »Eichmanns Chef Heinrich Himmler«, der mit den Worten begonnen hatte: »Ich, Karl Wolff, SS-Obergruppenführer und General der Waffen-SS a. D. melde mich zu Wort. Mein Gewissen zwingt mich dazu«, (à la »Ich, Claudius, Kaiser und Gott«). Der Zeuge: »Ich habe das ganze Jahr darüber nachgedacht. Unter Eid kann ich das nicht aussagen.«

Der Mann hat Himmler nach Dachau gefahren und Menschenversuche mit angesehen. »War Wolff dabei?« »Möchte ich annehmen. Kann ich nicht sagen.« »Hat Wolff von den Menschenversuchen gewußt?« »Nein. Wolff war für jedermann, auch für die kleinen Leute gut. Wenn was nicht reell war, wollte er damit nichts zu tun haben.« Bei der polizeilichen Vernehmung hatte er gesagt: »Wolff *mußte* als engster Vertrauter von Himmler was wissen.« (Wolff wußte tatsächlich davon. Das hat man schon in Nürnberg festgestellt.)

Auch der persönliche Adjutant von Globocnik, der die Sache mit dem Sonderzug, dem Zug, der aus einer Lok und einem Waggon bestand, organisiert hatte, Max Ruhnhof, Kaufmann, weiß und wußte von nichts. Nichts von den eineinhalb Millionen Juden, die unter Globocniks Leitung im Umkreis von Lublin umgebracht wurden (der Beisitzer über Globocnik. »Ein ungeheurer Menschenvernichter!« Der Zeuge: »Wenn Sie so wollen ...«), nichts von Wolffs Teilnahme an der Besichtigungsfahrt in das Lager Sobibor. Bis zur Abfahrt des Zuges sind ihm alle Details gegenwärtig: Es hatte Krach gegeben, weil der Zug nicht kam, offenbar keine Einfahrt hatte, die Termine geplatzt waren. Himmler war wütend. Wolff hatte die Leute beruhigt. Man hatte zwar eine Fahrbereitschaft, einen Mercedes und einen Horch, aber Himmler wollte offenbar nicht mit der Autokolonne fahren. Schließlich fuhr man doch mit dem Wagen und traf den Sonderzug unterwegs, auf der Strecke, an der Haltestelle, die der Fahrer von Himmler beschrieben hatte. Frage: »Wie lange waren die Herren weg, auf dem Besuch in Sobibor?« Der Zeuge: »Von mittags bis abends.« »War Wolff dabei?« »Das kann ich nicht sagen.« Dann dämmert Erinnerung: »Ich glaube mich entsinnen zu können, daß Wolff kurz dabei war, und als die Kolonne abfuhr, *nicht* mitgefahren ist.« Aus.

So geht es fort. Bei jeder Vernehmung eines SS-Mannes, vormittags, nachmittags. Die Zeugen der Anklage sind die Kameraden des Angeklagten. Die Gelegenheit, einem hervorragenden Repräsentanten des Dritten Reiches den Prozeß zu machen, der einen höheren Rang hatte als Eichmann, der Himmlers persönlicher Vertrauter war, der mit Heydrich um die Stellvertreterschaft Himmlers rivalisierte, dessen Kollegen aus der SS, dem Reichstag, der unmittelbaren Umgebung Himmlers und Hitlers, hingerichtet wurden, wenn sie nicht Selbstmord begangen hatten, diese Gelegenheit verstreicht. Der Prozeßverlauf wird vom Angeklagten bestimmt, nicht vom Gericht; die Aufklärung über den Nationalsozialismus findet durch seine Anhänger statt, nicht durch seine Gegner. Die jungen Leute auf der Zuschauertribüne hörte ich sich fragen, ob nicht doch am Nationalsozialismus was dran war.

Nr. 9, 1964

Nach zwei kleineren Prozessen in den Jahren 1946 und 1948 wurde 1964 in München ein großer Prozeß gegen *Karl Wolff* eröffnet; Wolff wurde wegen Beihilfe zu Mord in mindestens 300000 Fällen zu 15 Jahren Zuchthaus und Aberkennung der bürgerlichen Rechte auf 10 Jahre verurteilt – kam aber schon 1969, aufgrund einer Intervention der katholischen Kirche, wieder auf freien Fuß. – *Barry Goldwater* war 1964 rechtsradikaler, in der Wahl gegen *Lyndon B. Johnson* unterlegener Präsidentschaftskandidat der USA.

Der SPD-Parteitag

Ist die SPD mehr als ein Kleineres Übel? – Ja. Ist es überhaupt angebracht, bei der SPD noch von einem Übel zu sprechen? Leider auch: Ja. Die SPD hat sich auf dem Parteitag in Karlsruhe, das haben ihr fast alle Presseberichterstatter und Kommentatoren bestätigt, in seltener Geschlossenheit präsentiert. Unsere doppelte Fragestellung spekuliert also nicht auf einen rechten und linken Flügel dieser Partei, auch nicht auf Gegensätze zwischen einigen unteren Parteigremien und der Parteiführung. Solche Gegensätze gibt es zwar, aber nach allem, was auf dem Parteitag sichtbar geworden ist, spielen sie in der großen Politik kaum mehr eine Rolle. Der frühere Hamburger Bürgermeister Brauer wurde, nachdem er sich in Sachen MLF zum Sprecher der innerparteilichen Opposition gemacht hatte, mit großer Mehrheit aus dem Parteivorstand abgewählt. Das allein zeigte, daß die Geschlossenheit des Parteitages keineswegs nur das Ergebnis einer glänzenden Regie war und auch nicht das Ergebnis von mancherlei Manipulation.

Die Kategorien Übel und Nicht-Übel ergeben sich aus der Sache selbst. Sie beziehen sich auf die Anpassungspolitik der SPD an die von der CDU geschaffenen Fakten im außenpolitischen Bereich und auf ihr innenpolitisches Reformprogramm. Die Tatsache, daß die SPD ihrer Herkunft, ihrem Mitgliederbestand und ihrer Wählerschaft nach eine Arbeitnehmerpartei ist, hat sie trotz Godesberg, Hannover und Wehners Bekenntnis zur Nato vom 30. Juni 1960 bis heute nicht verleugnet. Ob Mitbestimmung oder Lohnfortzahlung, ob Bildungspolitik, Familienpolitik oder Gesundheitspolitik, ob Kindergeld oder Mutterschutz, die SPD hat immer die Interessen der Arbeitnehmer, das sind aber die Interessen der Masse der Bevölkerung, gegen die mehr unternehmerisch orientierte Politik der CDU verteidigt. Sie hat sich in diesen Fragen zwar wenig bis gar nicht durchgesetzt, sie ist nicht auf Straßen und Märkte gegangen, sie hat sich im Parlament niederstimmen lassen, ohne die Stimmung der Bevölkerung in diesen Angelegenheiten in die Wagschale zu werfen, wie sie es hätte tun können. Sie hat sich aber in jahrelanger parlamentarischer Arbeit und Mitarbeit darauf vorbereitet, im Falle eines Wahlsieges das innenpolitische Ruder kräftig herumzureißen. Daran hat sich von Godesberg bis Karlsruhe nichts geändert. Qualifikation und Sachverstand sind eher noch besser geworden in dieser Partei.

Der innenpolitische Kurs der SPD ist freilich mit ihrem Opportunitätsprinzip neueren Datums durchaus vereinbar. Die innenpolitischen Mißstände, die infolge einer kurzsichtigen, massenunfreundlichen Politik der CDU entstanden sind, liegen offen zutage, werden der Bevölkerung zunehmend bewußt, spielen in der Wahlentscheidung bereits eine Rolle. Von Bildungspolitik wird gemeinhin nur noch im Sinne einer Bildungskatastrophe gesprochen. Die Volksgesundheit ist miserabel. In der Statistik der Arbeitsunfälle steht die Bundesrepublik in Europa an der Spitze. Die Termine des Lückeplanes mußten von der CDU selbst mit Rücksicht auf die 65er Wahlen um Jahre verschoben werden. Wenn die CDU behauptet, die Sozialpolitik der SPD sei keine Alternative, sondern nur der Ausbau des Vorhandenen, so ist es doch gerade dieser Ausbau, auf den es ankommt. Und daß das innenpolitische Reformprogramm der SPD kein sozialistisches ist, das dürfte ihr die CDU doch wohl am wenigsten vorwerfen. – Uns aber berechtigt das alles, zu sagen, die SPD sei kein Kleineres Übel. Sie ist eine Notwendigkeit.

Auf der Gegenseite stehen die lauwarmen Erklärungen des Parteitages zur Notstandsgesetzgebung und die Zustimmung zur Schaffung einer Multilateralen Flotte. Die Stimmung war dagegen, das Votum dafür. In beiden Fällen hat der Parteivorstand jedoch mit Halbwahrheiten operiert. Die Alternative: Verfügungsgewalt der Bundesrepublik über Atomwaffen – ja oder nein? hat er umgefälscht in die Alternative: Gemeinschaftslösung à la MLF oder nationale Atommacht à la de Gaulle? – eine Alternative, die es für die Bundesrepublik gar nicht gibt. In bezug auf die Notstandsgesetze wurde Verwirrung gestiftet mit der Behauptung »zur Einschränkung der zur Zeit unbegrenzten Befugnisse der Exekutive« sei »eine Ergänzung des Grundgesetzes notwendig«, womit die Bereitschaft der SPD zu einer einschneidenden Veränderung unserer Verfassung verschleiert, die Problematik selbst bagatellisiert, ja auf den Kopf gestellt wurde.

Notstandsgesetze und MLF – das haben wir in dieser Zeitschrift vielfältig begründet und ausgeführt – sind vom Übel. Wie die SPD, gemäß ihren Versprechungen, den Wohlfahrtsstaat ausbauen, den Rechtsstaat festigen, den »Frieden in Deutschland und den Frieden für Deutschland« erhalten will, ist angesichts von Notstandsgesetz und MLF ungeklärt. Hier liegt ein Widerspruch, der weder logisch noch finanziell aufrechterhalten werden kann, der noch gelöst werden muß. Wenn die SPD im nächsten Jahr mit der Regierungsverantwortung betraut werden sollte, wird sie diese Klärung herbeiführen müssen. Wir hoffen, daß sie dann ihrem innenpolitischen Programm die Priorität gibt.

Nr. 12, 1964

MLF: multilateral force; sie sollte aus Kriegsschiffen der westeuropäischen Armeen bestehen, die als zivile Frachter getarnt, in Wirklichkeit aber mit Raketen und Kernwaffen ausgerüstet sein sollten. Auf diese Art sollten die europäischen Militärs an den amerikanischen Kernwaffen beteiligt werden – allerdings unter Regie und Entscheidungsbefugnis der USA. Für die Bundeswehr war das die einzige Möglichkeit, an Atomwaffen heranzukommen. Der Plan scheiterte an Frankreich und Großbritannien: sie verfügten inzwischen über eigene Atomstreitkräfte.

Dresden

Vor zwanzig Jahren, am 13. und 14. Februar 1945, in der Nacht von Fastnachtsdienstag auf Aschermittwoch, ist der größte Luftangriff der alliierten Bomberkommandos im Zweiten Weltkrieg auf eine deutsche Stadt geflogen worden: Der Angriff auf Dresden. Dreimal innerhalb von 14 Stunden wurde die Stadt bombardiert. Von 22 Uhr 13 bis 22 Uhr 21 dauerte der erste Schlag. Als die englischen Bomber abflogen, hinterließen sie ein Flammenmeer, das über 80 Kilometer weit den Himmel glühend machte. Der zweite Schlag erfolgte von 1 Uhr 30 bis 1 Uhr 50. Die abfliegenden Bomber haben das Feuer von Dresden über 300 Kilometer weit beobachten können. Den dritten Angriff flog ein amerikanisches Bombergeschwader am nächsten Vormittag zwischen 12 Uhr 12 und 12 Uhr 23.

Über 200 000 Menschen sind in den Flammen von Dresden umgekommen. Der Engländer David Irving schreibt in seinem Buch »Der Untergang Dresdens«: »Zum ersten Male in der Geschichte des Krieges hatte ein Luftangriff ein Ziel so verheerend zerstört, daß es nicht genügend unverletzte Überlebende gab, um die Toten zu begraben.«

Dresden hatte 630 000 ständige Einwohner. Als es zerstört wurde, hielten sich über eine Million Menschen in dieser Stadt auf. Man schätzt 1,2 bis 1,4 Millionen. Flüchtlinge aus Schlesien, Pommern und Ostpreußen, Evakuierte aus Berlin und aus dem Rheinland, Kindertransporte, Kriegsgefangene und Fremdarbeiter. Dresden war eine Sammelstelle für genesende und verwundete Soldaten. Dresden hatte keine Rüstungsindustrie. Dresden war eine unverteidigte Stadt ohne Flak und ohne Luftabwehr. Dresden galt in ganz Deutschland als eine Stadt, die nicht bombardiert werden würde. Es gab Gerüchte, wie: Die Engländer würden Dresden schonen, wenn Oxford nicht angegriffen würde – oder: Die Alliierten würden Dresden nach dem Krieg zur deutschen Hauptstadt machen und deshalb nicht zerstören. Es gab noch mehr Gerüchte, aber vor allem konnte sich kein Mensch vorstellen, daß eine Stadt, die täglich neue Krankenhäuser und Lazarette einrichtete, in die täglich Hunderttausende von Flüchtlingen, hauptsächlich Frauen und Kinder, einströmten, bombardiert werden würde.

Militärisch interessant an Dresden war höchstens ein größerer Güter- und Truppenumschlagbahnhof. Aber in den drei Angriffen, als man zuerst Sprengbomben abwarf, um Fenster zum Platzen zu bringen und Dächer zum Einsturz, um Dachstühle und Wohnungen den folgenden Brandbomben um so schutzloser auszuliefern, als das alles planmäßig mit höchster Präzision ablief, da wurde dieser Bahnhof kaum getroffen. Als Tage darauf Berge von Toten in den Bahnhofshallen aufgeschichtet wurden, waren die Gleise schon wieder repariert. – Dresden hat sieben Tage und acht Nächte lang gebrannt.

Man hatte den englischen Soldaten, die die Angriffe geflogen haben, nicht die Wahrheit gesagt. Man hat gesagt: Ihre Flotte greift das Oberkommando des Heeres in Dresden an. Man hat gesagt, Dresden sei ein wichtiges Nachschubzentrum für die Ostfront. Man hat gesagt, das Angriffsziel sei ein Gestapo-Hauptquartier im Stadtzentrum, ein wichtiges Munitionswerk, ein großes Giftgaswerk. – Schon 1943 hatte es in der britischen Öffentlichkeit Proteste gegen die Bombardierung der deutschen Zivilbevölkerung gegeben. Der Bischof von Chichester, der Erzbischof von Canterbury, der Kirchenpräsident der Church of Scotland erhoben ihre Stimme. Ihnen aber ebenso wie einem Labourabgeordneten im englischen Unterhaus wurde gesagt, das sei nicht wahr, daß ein Befehl ergangen wäre, Wohngebiete statt Rüstungszentren zu zerstören. Es ist der englischen Regierung unter ihrem Premierminister Sir Winston Churchill bis zum Ende des Krieges, bis März 45, gelungen, den tatsächlichen, absichtlichen, planmäßigen Charakter der britischen Bomberangriffe auf deutsche Städte geheimzuhalten. Dresden war der Höhepunkt dieser Politik. Dresden ging in Schutt und Asche, zwei Jahre nachdem der Ausgang des Zweiten Weltkrieges in Stalingrad entschieden worden war. Als Dresden bombardiert wurde, standen die sowjetischen Truppen schon an der Oder und Neiße, lag die Westfront am Rhein. Der Oberbefehlshaber der Royal Air Force, Sir Arthur Harris, der den Einsatz gegen Dresden geleitet hatte, ging ein Jahr danach, am 13. Februar 1946, in Southampton an Bord, um das Land zu verlassen, das nicht mehr bereit war, seine Verdienste zu würdigen. Als die deutsche Bevölkerung die Wahrheit über Auschwitz erfuhr, erfuhr die englische Öffentlichkeit die Wahrheit über Dresden. Den Tätern wurde der Ruhm versagt, der ihnen von den Regierenden versprochen worden war. Hier und dort.

In Dresden ist der Anti-Hitler-Krieg zu dem entartet, was man zu bekämpfen vorgab und wohl auch bekämpft hatte: Zu Barbarei und Unmenschlichkeit, für die es keine Rechtfertigung gibt.

Wenn es eines Beweises bedürfte, daß es den gerechten Krieg nicht gibt – Dresden wäre der Beweis. Wenn es eines Beweises bedürfte, daß der Verteidigungsfall zwangsläufig zu Aggression entartet – Dresden wäre der Beweis. Wenn es eines Beweises bedürfte, daß die Völker von den kriegführenden Regierungen selbst mißbraucht werden, selbst degradiert werden zu Vorwand und Opfer der angewandten Barbarei – Dresden wäre der Beweis. Daß an der Bahre Sir Winston Churchills das Stichwort Dresden nicht gefallen ist, legt den Verdacht nahe, Dresden sollte immer noch dem Volk angelastet werden, das doch selbst betrogen worden ist. Es ist der gleiche Takt, den die Bundesregierung praktiziert, wenn sie die Verjährungsfrist für in der NS-Zeit begangenen Mord nicht aufhebt. Wer die Täter nicht denunziert, denunziert aber die Völker.

Nr. 3, 1965

Die Anerkennung

Natürlich kann Bonn die DDR nicht anerkennen. Das Gesicht, das Bonn dann verlieren würde, ist schon verloren. Bonn müßte mit dem Hinterkopf durch die Wand, das ist zuviel verlangt. Das wäre, als müßte sich einer, der unter dem Verdikt des Paragraphen 175 steht, verheiraten. Die gesamte Bonner Außen- und Innenpolitik von der europäischen Einigung bis zur Nato bis zu den Notstandsgesetzen, von der Entwicklungshilfe ganz zu schweigen, steht und fällt mit der Nichtanerkennung der DDR. Davon ausgenommen ist nur das bißchen Politik, das Bonn unfreiwillig leistet: Bildungspolitik, Familienpolitik, Sozialpolitik. Im übrigen ist es egal, ob man das nun Zone, DDR, Mitteldeutschland, Drüben oder SBZ nennt, was seit fast sechzehn Jahren unser Nachbarstaat ist. Das eigentlich Ungewöhnliche ist, daß man sich landauf, landab an diese mehr phantastische als realistische Politik gewöhnt hat, daß man die Ausnahme längst mit der Regel verwechselt, daß das Normale – die Anerkennung eines Staates, den es nun einmal gibt – als Laster erscheint, es zu erwägen, macht schon ein schlechtes Gewissen – wem gegenüber eigentlich? –, es ist verdrängt, es kommt auch publizistisch kaum vor, es kommt gar nicht in Frage.

Reden wir trotzdem davon. Nicht in der Erwartung, gehört zu werden, sondern weil es das Normale ist. Um gegenüber dem Verschrobenen das Normale nicht aus den Augen zu verlieren.

Innenpolitisch wäre die Anerkennung der DDR das Ende der antikommunistischen Einheitsfront, der Verlust des äußeren Feindes, der alle eint. Die Antipathie gegenüber der DDR, die fast alle Bundesrepublikaner haben, könnte differenziert und ausgesprochen werden, ohne zum Bruderkuß mit Strauß zu mißraten, ohne die Fronten im eigenen Land zu verkleistern. Die Notstandsgesetze wären dann nicht mehr nur überflüssig, sondern jedermann könnte das dann auch einsehen. Zwangloser ließe es sich leben hierzulande, und die

17 Millionen würden nicht länger in ein illegitimes Verwandtschaftsverhältnis kommandiert – »Brüder & Schwestern« –, erwachsene Freund- und Feindschaften würden möglich. Und einige Leute bekämen Gelegenheit, ihr Verhältnis zur Demokratie neu zu konzipieren, weil der Antikommunismus als einzige demokratische Legitimation nicht mehr ausreichte.

Nicht auszudenken, was uns außenpolitisch erspart bliebe. Dem Sieg der Rebellen im Kongo, einer Entscheidung im Jemen, der Entwicklung Tansanias, der Aufnahme Chinas in die UNO, dem Besuch Kossygins in Bonn und Johnsons in Moskau könnten wir gelassen entgegensehen. Der Wettkampf um die Sympathie der jungen Völker Afrikas und Asiens könnte fair geführt werden, man würde mit und um harte Sachen konkurrieren, nicht um hochanfällige Phantome. Und wer Beziehungen knüpfen will, handeln und verhandeln, brauchte die Bundesrepublik nicht zu umgehen wie de Gaulle es längst tut und jetzt auch Johnson mit Harrimans Besuch in Tel Aviv, brauchte die offizielle Politik nicht zu unterlaufen, wie Krupp und Sachs es gegenüber Polen und der DDR angefangen haben. Kaum ein Land hat eine so große Chance und hätte selbst dabei so großen Gewinn, der Welt ein Beispiel von Koexistenz vorzuführen, wie das geteilte Deutschland.

Warum wird kein Gebrauch davon gemacht? Dem steht nicht einfach nur Torheit, Kurzsichtigkeit, Borniertheit entgegen. Dem steht entgegen, was Strauß im Stern vom 28. Februar, als Ulbricht schon und noch in Kairo war, in bemerkenswerter Offenheit unter dem Stichwort: »Europäisierung der deutschen Frage« entwickelt hat, Strauß, der immerhin der Vorsitzende einer in Bonn regierenden Partei ist, macht zur Bedingung der Wiedervereinigung nicht nur »den Abbau des kommunistischen Systems in der Zone«, sondern darüber hinaus die »Wiedervereinigung Europas«. »Polen, die Tschechoslowakei, Ungarn, Rumänien, Bulgarien gehören genauso zu Europa, wie Holland, Belgien und die Schweiz ... Es gilt, eine Entwicklung dort mit allen Mitteln der politischen, wirtschaftlichen, kulturellen und psychologischen Kontakte zu unterstützen, damit ein Punkt erreicht wird, von dem an es keine Rückkehr mehr zur Möglichkeit des alten Terrors gibt.« Erst dann wird es eine Lösung der deutschen Frage geben, »wenn Deutschland ein Teil eines europäischen Gravitationszentrums wird, dessen Gründungsurkunde legitime, deutsche Rechte und Lebensnotwendigkeiten enthält.« Wiedervereinigung in den Grenzen von 1943. –

Die Alternative zu Strauß ist die Anerkennung. Alles andere ist der kleine Finger.

Nr. 3, 1965

Lyndon B. Johnson: 1961 bis 1968 Präsident der USA. *Averell Harriman* war sein Sonderbotschafter.

Hochhuth

Erhards Ausfälle gegen Hochhuth und Grass waren nicht nur das hilflose Gebelfer eines ungebildeten Spießbürgers. Die maßlose Verletzung allen Anstands in der Form seiner Attacken – »Pinscher«, »Banausen«, »Tuten und Blasen ...«, »Idiotie« –, die vor allem die Schriftstellerkollegen von Grass und Hochhuth in Harnisch gebracht hat (»... da fängt der Erhard an«), mag sein persönlicher Stil sein – Wahlkampfnervosität aber wäre ja tatsächlich verzeihlich. Auch die häßliche Mißachtung seiner eigenen Parteimitglieder, an die Erhard ja wohl dachte, als er Hochhuth vorwarf, sich »auf die paterreste (ein Kanzlerwort!) Ebene eines kleinen Parteifunktionärs« begeben zu haben, womit Hochhuth doch wohl etwas besonders Entwürdigendes nachgesagt werden sollte, das mag die so apostrophierten Damen und Herren von der CDU schockiert haben – hoffentlich.

Erhard hat, trotz verfehlter Form, erreicht, was ihm wünschenswert sein mußte: Von Hochhuth abzulenken, die Sache, die den Anlaß zu Meinungsverschiedenheiten zwischen ihm und Hochhuth gab, aus den Spalten der Presse, aus den Hirnen verdatterter Spiegelleser wieder zu verbannen.

Die Sache, die im Gebelfer unterging, war die bundesdeutsche Sozialpolitik, die soziale Stellung des Arbeitnehmers in der Bundesrepublik, Vermögenskonzentration im Bündnis mit politischer Machtkonzentration, Klassenkampf. Hochhuth hatte Zahlen und Thesen vorgelegt, in einem Porträt Otto Brenners für das Rowohlt-Bändchen »Plädoyer für eine neue Regierung«, der Aufsatz war auszugsweise im Spiegel vorabgedruckt worden. Zwei Nummern später brachte der Spiegel Leserstimmen, ausnahmslos Gegenstimmen, Arbeitgeberstimmen. Dann begab sich der Kanzler selbst auf die Barrikaden. Nicht irgendwo, nicht in einer Wahlversammlung, nicht auf einer Pressekonferenz, sondern vorm Wirtschaftstag der CDU/CSU in Düsseldorf und auf der Hauptversammlung der CDU-Sozialausschüsse in Köln. Die Unternehmerversammlung mußte beruhigt, die Arbeitnehmerversammlung immunisiert werden. Das Protokoll verzeichnet starken und großen Beifall, wo von »Nichtskönner« und »paterreste Ebene« die Rede war.

Hochhuths Kritik hatte getroffen. Des Kanzlers Entgegnung war keine Entgleisung. Sie war ein Politikum, ein Gegenschlag. Daß ihm dabei nicht die geeigneten Formulierungen zu Gebote standen, haben ihm seine Adressaten nicht übelgenommen, sie spendeten Beifall. Die Diskussion, die Hochhuth inszeniert hatte, mit einem Mut, der an Starrsinn grenzt, mit einer geistigen Unabhängigkeit, die in der Bundesrepublik schon eigenbrötlerisch wirkt, war tot. Schriftsteller mokierten sich über Formulierungen.

Warum reagierte der Kanzler so gereizt? Warum darf in der Bundesrepublik nicht prinzipiell über Sozialpolitik diskutiert werden? Warum darf in einer Zeit, in der die CDU selbst das Thema Vermögensbildung in Arbeitnehmerhand zum Wahlkampfthema gemacht hat, nicht über Vermögensbildung diskutiert werden? Warum hat man Angst vor Hochhuth, Angst, daß seine Thesen eine Lawine der Sozialkritik auslösen könnten, Beunruhigung in der Arbeiterschaft?

Die Gründe liegen nicht auf der Hand. Immerhin hat der westdeutsche Arbeiter neben dem amerikanischen den höchsten Lebensstandard in der Welt, den höchsten in seiner eigenen Geschichte. Das System der Sozialversorgung ist in Europa eines der besten. Der westdeutsche Arbeiter hat also allen Grund, sich über seine Stellung in der Gesamtgesellschaft zu täuschen, sich für einen integrierten Teil der Gesellschaft zu halten. Aber er tut es nicht. Die hohen sozialen Leistungen, die in den letzten 16 Jahren erkämpft wurden, vermochten es nicht, einer Mehrheit in der deutschen Arbeiterschaft das Gefühl der sozialen Sicherheit zu vermitteln, nicht, das Vertrauen in die bestehende Gesellschaftsordnung zu festigen. Die Bonner Sozialpolitik hat ihr Ziel in dieser Hinsicht verfehlt. Den Nachweis erbrachte eine Untersuchung der »Kommission für dringliche sozialpolitische Fragen« der Deutschen Forschungsgemeinschaft, die schon im vergangenen Oktober veröffentlicht, aber kaum beachtet wurde. Die Frage war: Hat das ganze System oder die Summe der sozialpolitischen Maßnahmen der letzten Jahre das Gefühl der sozialen Sicherheit und Geborgenheit vermittelt? Die Anwort: Nein. Über 70 Prozent der westdeutschen Bevölkerung erwidert auf Befragen: »Wenn ich in eine schwierige Lage kommen sollte, gibt es keinen, der mir hilft.« Über 70 Prozent der Bevölkerung schätzt seine Lage aussichtslos ein: »Tatsächlich ist es im Leben so, daß die einen oben sind und die anderen unten und auch bei den heutigen Verhältnissen nicht hochkommen, so sehr sie sich auch anstrengen.« – Diese Arbeiterschaft, die, wie Hochhuth meint, nur »schuftet und schläft«, ist also obendrein noch unzufrieden, pessimistisch, mißtrauisch. Die Unzufriedenheit ist nicht virulent, aber sie ist da. Daß sie bewußt und schließlich virulent wird, darf befürchtet werden, wenn Intellektuelle anfangen, öffentlich die Ursachen dieser Unzufriedenheit zu erörtern, Vorschläge zu machen, wo man die Ursachen der Unzufriedenheit zu suchen hätte. Mögen auch die Intellektuellen, die mit Hochhuth sympathisieren, nicht so optimistisch sein, wie Erhard ängstlich ist – die Nervosität des Kanzlers hat durchaus wissenschaftlich harte, statistisch gesicherte Gründe.

Aus dem gleichen Grund muß eine breite Diskussion der Vermögensstreuung unerwünscht sein. Man will den Aktienbesitz streuen, nicht aber die daran gebundene wirtschaftliche Macht teilen, gar aufteilen. Sozialpolitik ist nur der eine Aspekt der Vermögensstreuung, der andere steht im Vordergrund, Alphons Horten sprach ihn auf dem Wirtschaftskongreß der CDU mit entwaffnender Offenheit aus: »Der ungeheure Kapitalbedarf der Wirtschaft in den kommenden Jahren kann einfach nur befriedigt werden, wenn man die steigende Kapitalbildung bei den Unselbständigen entsprechend ausnutzt« (Handelsblatt 9./10. Juli 1965). – Wenn die Intellektuellen anfingen, sich in dieses Geschäft einzumischen, könnten die Volksaktionäre anfangen, für ihr Geld auch Rechte zu beanspruchen. Wenngleich auch hier die Intellektuellen, die mit Hochhuth sympathisieren, nicht so optimistisch sein mögen, wie Erhard ängstlich ist.

Hochhuth hat ein Tabu gebrochen. Erhard hat – nicht einmal ohne Erfolg – schimpfend das Schweigen wiederhergestellt. Er hat geschimpft, weil er sich getroffen fühlte.

Nr. 8, 1965

Otto Brenner war lange Jahre Vorsitzender der IG Metall und galt bis zu den Auseinandersetzungen um die Notstandsgesetze gegen Ende der 60er Jahre als ein Exponent der Linken in der BRD.

Vietnam und Deutschland

Das wird nun systematisch unter die Leute gebracht: In Vietnam verteidigt Amerika die westliche Freiheit; in Vietnam stellt Amerika seine Bündnistreue unter harten, rührenden, dankenswerten Beweis; Vietnam – das könnte morgen schon Deutschland sein. Nichts von all dem ist wahr. Nachweisbar ist nur, daß die Bevölkerung, die derlei glauben gemacht wird und die Presse, die derlei glauben macht, bis hin zu den Politikern, die das bekräftigen, in diesem Krieg eine Funktion haben. Eine Funktion, die durchaus übersichtlich und benennbar ist, die aber mit deutschen Sicherheitsfragen nur sehr indirekt zusammenhängt. Die 100 Millionen Mark, die Bonn nach Vietnam geschickt hat und die Friedensglokken, die die Berliner Presse organisiert hat, haben nichts mit Vietnam, dafür sehr viel mit Bonner Politik zu tun.

Johnson ist auf das Einverständnis der westlichen Welt mit seinem Vietnam-Krieg angewiesen. Die Proteste in seinem eigenen Land gegen diesen Krieg sind längst weltöffentlich geworden. Sie reichen bis in Kongreß und Senat, sie spielen eine Rolle an den Universitäten, große Teile der amerikanischen Bürgerrechtsbewegung sind übergegangen zum Widerstand gegen den Krieg in Vietnam (vgl. Herbert von Borch in der WELT vom 27.11.). Johnson braucht, das hat Dean Rusk die Nato-Ministerratstagung in Paris sehr deutlich wissen lassen, die Unterstützung der Nato-Länder für seinen Krieg als Argument gegen die Opposition im eigenen Land. Die Kräfte, die ihren Einsatz für verlorenes amerikanisches Prestige in Südost-Asien verweigern, sind immer noch mobilisierbar für Berlin, für amerikanischen Einfluß in Europa, für die traditionelle Verbundenheit mit England. Wilson spielt auf komplizierte Art mit. Selbst in Schwierigkeiten, mit seiner Zahlungsbilanz, mit Rhodesien, will er – so wurde es zwischen ihm und Johnson im Dezember besprochen – sein militärisches Engagement »östlich von Suez« in Aden und Singapur abbauen. Seine Gegenleistung für amerikanische Zustimmung ist Billigung und Schweigen zum Krieg in Vietnam. Es gibt allerdings auch die Spekulation, Wilson fürchte eine Verstärkung der Achse Bonn-Washington, wenn England sich vom Vietnam-Konflikt lossagen würde, an deren Ende deutscher Atomwaffenbesitz stehen könnte. Eine sachlich unwahrscheinliche Spekulation, realistisch aber doch im Blick auf Befürchtungen in der englischen Öffentlichkeit.

Bonn, in der Ära John Foster Dulles groß geworden – triumphal waren Adenauers Amerika-Reisen in den fünfziger Jahren – unterstützt den Vietnam-Krieg aus egoistischem, um nicht zu sagen aggressivem Interesse. Er beweist – fragwürdig genug – die Bedrohung aus dem Osten; er rechtfertigt die Strategie der Vorwärtsverteidigung, der Raketenbasen an den Grenzen der DDR; er gibt Gelegenheit, die USA täglich und stündlich an ihre Sicherheitsgarantien für Berlin und die Bundesrepublik zu erinnern; er liefert Nervosität und Zündstoff, wo Unfrieden in Deutschland gestiftet werden soll. Immerhin hat Barzel bekräftigt, was in der Regierungserklärung dokumentiert wurde: Es gäbe keinen Frieden in Europa ohne Wiedervereinigung. Sprich: Vietnam – das könnte morgen schon Deutschland sein. Die das propagieren, setzen sich dem Verdacht aus, dergleichen vorbereiten zu wollen.

Der dubiose Verein »Moralische Aufrüstung« hat das alles in einer ganzseitigen Anzeige in deutschen Tageszeitungen sehr bündig und unverhohlen ausgesprochen. Da wurde dem Bundeskanzler eine gute Reise gewünscht, und er wurde gebeten, Johnson und dem amerikanischen Volk zu sagen, »daß wir Deutschen dankbar sind für die Opfer an Leben und Gut, die Amerika in Vietnam für die Freiheit – auch unsere Freiheit – bringt.« Und dann fand man sehr schnell den Dreh, den wir befürchten: »Die Fragen der Wiedervereinigung und der Oder-Neiße-Linie (sic!) werden nur dann eine echte Lösung finden, wenn wir alle unsere Kräfte gemeinsam für die Verwirklichung einer freien, auf allgemeinverbindlichen moralischen Maßstäben begründeten Weltordnung einsetzen. Amerika und Deutschland müssen sich entscheiden, mit der Ideologie der Freiheit voranzugehen.« – Voran – wohin?

Um solch bösartiger Erwägungen willen bleiben dann alle Fakten auf der Strecke, die in Sachen Vietnam einfach und klar sind: Daß die Bündnistreue der USA diesem Land aufgezwungen wurde – also keine ist –, das war 1954, als Dulles das Land unter Diem in den Manila-Pakt manipulierte; als die freien Wahlen 1956 nicht stattfanden, weil Vietnam dann neutral geworden wäre, zweifelhafte Bündnistreue abgewiesen hätte. Dann bleibt auf der Strecke, daß es in Süd-Vietnam westliche Freiheit im Sinne von Pressefreiheit, Meinungsfreiheit, Religionsfreiheit nie gegeben hat und daß der Vietkong eine Volksbewegung ist, die mit dem Wort »Kommunistisch« nicht definiert werden kann.

Damit das alles auf der Strecke bleibt und nicht bekannt wird, verhängt die Berliner Presse einen Anzeigenboykott gegen Wolfgang Neuss, veröffentlicht DIE WELT nur 8 Zeilen über die 120-Zeilen-Erklärung der Schriftsteller und Hochschullehrer gegen den Krieg in Vietnam, dafür aber Krämer-Badonis Gegenaufruf und dreimal eine Serie von Leserbriefen gegen die praktisch unveröffentlichte Schriftstellererklärung. Es gehört zum Bonner Geschäft mit dem Vietnam-Krieg, daß der Bevölkerung Tatsachen vorenthalten werden, Zusammenhänge unklar bleiben, daß die Bevölkerung nichts durchschaut, aber mitmacht.

Es ist unwahrscheinlich, daß Bonn durch Vietnam-Solidarität zu eigenem Atomwaffenbesitz, zum Vietnam-Krieg in Deutschland vorstößt. Aber immerhin: »Handlungen, die geeignet sind und in der Absicht vorgenommen werden, das friedliche Zusammenleben der Völker zu stören ... sind verfassungswidrig.« (GG Art. 26)

Nr. 1, 1966

Friedensglocken: während des Vietnam-Krieges wurden die Westberliner dazu aufgerufen, den Witwen amerikanischer Soldaten, die in Vietnam gefallen waren, kleine Nachbildungen der Berliner Friedensglocke zu schenken: als Zeichen westlich-atlantischer Solidarität. – *Harold Wilson:* damals englischer Premierminister. – *Neuss:* Wolfgang Neuss hatte in seiner satirischen Zeitung »Neuss Deutschland« die Friedensglocken-Aktion der Berliner Presse lächerlich gemacht – daraufhin weigerten sich die Berliner Zeitungen, Anzeigen für das Kabarett von Neuss abzudrucken.

Lohnkampf

Seit November, seit der Kündigung der Lohn- und Gehaltstarife durch die IG-Metall und andere Gewerkschaften, die folgten, hat sich einiges getan, das Klima bevorstehender Tarifverhandlungen zu verderben, die öffentliche Meinung gegen die Gewerkschaften einzunehmen:

Die Maßhaltedebatte des Bundestages und die Forderung des Kanzlers nach einer Stunde Mehrarbeit. (Arbeitsminister Katzer: »... eine Aufforderung an die Tarifpartner..., die ganze Tragweite der Arbeitszeitfrage zu sehen.«)

Demoskopische Umfragen über die Bereitschaft zur Mehrarbeit in der Bevölkerung auf dem Hintergrund der Ausländerbeschäftigung. Eine Mehrheit der Deutschen würde gerne eine Stunde mehr arbeiten, wenn es dafür keine ausländischen Arbeiter gäbe.

Die nordrheinwestfälische Metallindustrie teilte im Dezember mit, es stünden Massenentlassungen bevor, eine Meldung, die sich wenige Tage später als Ente erwies und zurückgenommen werden mußte.

Nordhoffs Drohung mit einer Erhöhung des VW-Preises.

Gewerkschaftspolitik ist aber mehr als Unternehmerpolitik auf öffentliche Meinung angewiesen, auf die Stimmung in den Betrieben nämlich, auf die Gefühle der Millionen, der Mitglieder, der Bildzeitungsleser. Gewerkschaftspolitik kann sich wohl bei ihren Funktionären auf wirtschaftlichen Sachverstand und harte politische Information stützen, die Wählermasse ihrer Mitglieder aber ist – angewiesen auf Boulevardblätter, meist aus dem Springer-Haus – sicherlich anfälliger gegenüber Falschinformation und Fehlmeldung als Hochschulabsolventen in Arbeitgeberverbänden. Auf die alles vereinfachende Rede von der Lohn-Preis-Spirale fallen Lohnempfänger herein, nicht Preismacher.

Wenn in den letzten Monaten die Stimmung gegenüber Lohnerhöhung und Arbeitszeitverkürzung angeknackst worden ist, dann ist das einer bemerkenswert reibungslosen Kooperation zwischen Bundesregierung, Arbeitgeberverbänden und demoskopischen Institutionen zu verdanken – wobei es gleichgültig ist, ob da Regie geführt oder spontan agiert wurde. In den Anzeigen von Gesamtmetall (Gesamtverband der metallindustriellen Arbeitgeberverbände e.V., Köln) wurde das alles jedenfalls ebenso säuberlich wie verwirrend gebündelt den Gewerkschaften vorgehalten – kein Meisterstück, doch ein gerüttelt Maß an Demagogie wird da praktiziert:

Die Sicherheit der Arbeitsplätze stünde angesichts der Arbeitszeit- und Lohnforderungen der IG-Metall auf dem Spiel – aber die Massenentlassungen in Nordrhein-Westfalen finden und fanden nicht statt, dafür gibt es fast 700000 offene Stellen in der Bundesrepublik, und die Bundesanstalt für Arbeitsvermittlung in Nürnberg rechnet bis 1970 mit einem weiteren Arbeitskräftemangel von 400000 – aufgrund der natürlichen Bevölkerungsentwicklung und der Verlängerung des Schulbesuches.

Die Bevölkerung hätte wenig Verständnis für das Vorgehen der Gewerkschaften, hätten doch die Wickert-Institute in Tübingen am 10. Januar mitgeteilt, daß 87 Prozent aller Männer und 92 Prozent aller Frauen bereit wären, eine Stunde oder länger Mehrarbeit zu leisten. Aber auch Gesamtmetall dürfte es nicht entgangen sein, daß die Stunde Mehrarbeit in der Bundesrepublik im Zusammenhang mit den ausländischen Arbeitern diskutiert wird, daß weniger deutscher Fleiß als die Antipathie gegenüber den Ausländern als Bereitschaft zur Mehrarbeit zu Buche geschlagen ist. Eine Antipathie, derer sich Gesamtmetall bedient: »Ist es nicht widersinnig, kürzer zu arbeiten und daher noch mehr Ausländer zu beschäftigen?« Otto Brenner: »... man spekuliere anscheinend auf primitive nationalistische Instinkte.«

Wahrscheinlich gibt es sie, die nationalistischen Instinkte, aber mehr noch mögen die von den Arbeitgebern geschaffenen Wohnbedingungen der Ausländer an den Spannungen mit Deutschen Schuld sein: Barackenlager, Kasernierung in Hochhäusern (Männersilos), Belegung der Zimmer mit vier, sechs und acht Mann, primitive Waschanlagen, oft keine, oft miserable Reinigungsdienste, fast keine Ehepaar- und Familienunterkünfte. Zunahme der Prostitution also in den Großstädten, uneheliche Kinder bei deutschen Mädchen, als Folge dieser isolierten Wohnsituation aber auch geringe deutsche Sprachkenntnisse bei den Ausländern, geringe Verständigungsmöglichkeiten am Arbeitsplatz.

Die Gewerkschaften haben im übrigen darauf verzichtet – offenbar aus Sorge vor jenen nationalistischen Instinkten, auf die die Arbeitgeber jetzt anspielen –, die Ausländerpolitik der Unternehmer als Lohndrückerpolitik zu bekämpfen. Die Arbeitgeber sind besser beraten. Das Institut für Wirtschaftsforschung, Berlin: »Bei einer sich hier und da abzeichnenden Ablehnung des anhaltenden Zustroms von Gastarbeitern muß man sich klar darüber sein, daß mit einem vom Ausland abgeschlossenen Arbeitsmarkt der Lohndruck in der Bundesrepublik infolge verstärkter Konkurrenz der Unternehmen um das einheimische Kräftepersonal noch erheblich stärker werden würde.« (Der Arbeitgeber, Juni 1965.) Der Verzicht der Gewerkschaften, das Ausländerressentiment der Deutschen gegen die Arbeitgeber auszunutzen – offenbar aus Gründen demokratischer Raison –, wird honoriert, indem die Unternehmer nun eben dieses durch Unternehmerpolitik geschaffene Ressentiment gegen die Gewerkschaften ausspielen.

Der Metallindustrie fehlten wöchentlich 4 Millionen Arbeitsstunden, die Leistung von 100000 Arbeitnehmern, schreibt Gesamtmetall in seinen Anzeigen. Aber täglich (!) fehlen in der Bundesrepublik 200000 Menschen am Arbeitsplatz, weil sie einen Arbeitsunfall hatten, und jährlich werden 300000 Menschen zu Rentnern bei einem Durchschnittsalter von 57 Jahren. Der Hamburger Bürgerschaftsabgeordnete Max Reimer (SPD) in der Etatdebatte am 7. 12. 1965: »Wenn wir nur die Hälfte der Berufsunfälle eliminierten, könnten wir uns die ganze deutsche Überstunde sparen.« Mehr als ein Drittel (924000 von insgesamt 2,5 Millionen) aller Arbeitsunfälle passierten 1964 in der Metallindustrie. Wie, wenn die deutsche Industrie ihr Arbeitskräftereservoir, zum Beispiel durch Lohnerhöhung und Verkürzung der Arbeitszeit, durch Schonung also aufstockte, statt es durch Strapazierung und Überbeanspruchung zu verschleißen? (Die Ergebnisse des Max-Planck-Instituts für Arbeitsphysiologie, Dortmund, liegen längst vor: Daß 8 Stunden Arbeitszeit, also die 40-Stunden-Woche, bei der gegenwärtigen Arbeitsintensität das

Optimum dessen sind, was der Körper durch Schlaf und Erholung aufholen kann.)

Die laufenden Tarifverhandlungen über Löhne und Arbeitszeit sind geeignet, wirtschaftliches Wachstum und Gemeinwohl einander anzupassen, den Menschenverschleiß der deutschen Industrie zu bremsen. Die Arbeitgeber haben sich bisher nicht fair verhalten, vor allem: kurzsichtig.

Nr. 2, 1966

Heinrich Nordhoff war von 1948 bis zu seinem Tod 1968 Chef der VW-Werke.

Barzel

Daß Barzel mit dem Jargon der Eigentlichkeit ganz gut ankommt, daß Bollnow, Jaspers, Thielicke ihm die Zitate liefern, daß er sich mit kleinbürgerlichen Phrasen zum CDU-Kanzlerkandidaten hochgeschwafelt hat, spricht gegen die CDU, nicht nur gegen Barzel. Nicht daß er eine schlechte Figur macht – wie Augstein meint – ist besorgniserregend, sondern daß die schlechten Figuren im Kommen der CDU gerade recht sind. Ob Manager der Macht, ob neue Generation, ob ehrgeizig, fleißig, opportunistisch – was diesen Mann interessant macht, ist sein Programm im Bündnis mit der Fähigkeit, eins durchzusetzen. Nicht daß er im allgemeinen unsympathisch ist, ist zu verübeln, mehr, daß er auf Kriegsfuß steht mit Demokratie und Vernunft, daß er harte politische Ziele einnebelt in irrationale Sprüche, ungreifbar scheint, indes er schon zuschlägt.

Aus dem Desaster mit dem Verein »Rettet die Freiheit« (Enzensberger war damals beleidigt, weil sein Name in Barzels Rotbuch fehlte) hat er tatsächlich gelernt. Er hat gelernt, daß man Handschuhe anziehen muß, wenn man ein Ding drehen will und Isolierband um den Knüppel wickeln. Barzel: »Es muß nicht unbedingt sein, daß wir über weite Strecken allein von Bedrohung, Waffen, Kommunismus sprechen. Das ermüdet die Welt. Wir sollten davon sprechen, daß in Deutschland kein Frieden ist, daß nicht alle Deutschen die Menschenrechte haben. Frieden – das ist unser Problem!« – So macht man das. Und so: »Wir träumen noch von anderen, sogenannten kleinen Dingen. Wir möchten, daß unsere Frauen nicht mehr so stark belastet sind, wir möchten unseren Kindern das Leben erleichtern, und wir träumen davon, mehr Zeit für sie zu haben. Und wir träumen von einem Deutschland ohne Stacheldraht, *von ganz Deutschland, von ganz Europa.*« Er läßt die Katze durchaus aus dem Sack. Eine maßgeschneiderte Fehlleistung, das auszusprechen, was nur Traum sein soll, also schweigend gedacht.

Aber wie macht man das: Frieden in ganz Deutschland, ganz Europa? Wie führt man ihn herbei, den »Tag der Freiheit für alle Deutschen«? Barzel: »Die Wegsteine zur neuen

Wirklichkeit tragen die Namen: Spontaneität, Wagemut, Opfer, Gerechtigkeit, Solidarität, Gemeinsinn.«

Mit »Opfer« meint Barzel Geld. »Wir brauchen ausreichende Mittel, um den weltweiten Kampf um unsere Selbstbestimmung zu gewinnen. Das freie Deutschland braucht Geld für Politik, sonst wird es nie zur Einheit des Landes kommen.«

Mit »Wagemut« meint er den Mut zur Führung, den Mut zu unpopulären Maßnahmen, den Mut, auch gegen die Öffentliche Meinung zu regieren und zu handeln. Wobei für die Öffentliche Meinung bei Barzel »Demoskopismus« steht, ein Trick, den er selbst, gäbe er ihn zu, wahrscheinlich »demagogistisch« nennen würde. »Führung ist durch nichts zu ersetzen, nicht durch Konstruktionen und Gremien, nicht durch bessere Wahlergebnisse und nicht durch Verbreiterung der parlamentarischen Majorität.« »Auch die Demokratie braucht Führung!«

»Gerechtigkeit«, das heißt »Teilhabe am nuklearen Entscheidungsprozeß«, »Solidarität« meint politische Koordination der Natostaaten. »Wir, die Deutschen, müssen darauf drängen, aus der Nato mehr zu machen als einen militärischen Verband.« Schließlich »Gemeinsinn«: »Keiner darf uns übertreffen im Engagement für die Menschenrechte und für Humanität.«

Woher nimmt Barzel das Recht und die Freiheit, so viel Braundeutsch auf einmal zu produzieren, woher das Selbstbewußtsein? »Die CDU/CSU sind christliche Parteien, also politische Vereinigungen von Menschen, die auch ihr politisches Handeln unter Gottes Wort und Gebot stellen und eine Ordnung erstreben, die vor Gottes Gebot bestehen kann.« »Gott hat uns heute gewollt. Er gibt uns heute Kraft – auch für morgen!« Wohlgemerkt: Gott, nicht etwa die 46 Prozent CDU-Wähler.

Gott und die Wirtschaftsmacht Bundesrepublik. »Wir sind wieder wer in der Welt. Man sagt, wirtschaftlich und sozial seien wir ein Gigant, politisch aber ein Zwerg... Wir müssen unsere politische Geltung und unseren ökonomischen Rang mehr zur Deckung bringen. Wir müssen aus der Not eine Tugend machen. Wir sind nicht in der UNO, wir haben alle Soldaten unter Natobefehl. Wir sind keine nukleare Weltmacht. Unsere Rolle in der Welt kann nur sein, bedeutsam zu werden durch Werke des Friedens, Anwalt des Humanen zu sein.«

Zugegeben, es ist einigermaßen qualvoll, das alles zu lesen und zu zitieren. Man verliert schier den realen Kern aus den Augen – was Augstein denn auch passiert ist, indem er die Sorgen der CDU zu seinen eigenen gemacht hat –, daß dieser Mann, der mit »Rettet die Freiheit« sein Debut auf Bundesebene gab, eine Politik propagiert, die außenpolitisch hochexplosiv ist und innenpolitisch auf die formierte, die gegängelte Gesellschaft zielt. Der Sprachduktus ist völkisch, die Ziele aber, hoch bewußt und unmißverständlich, sind Kriegsziele: die Befreiung der DDR von kommunistischer Herrschaft, der osteuropäischen Länder gleich mit. Das ist gemeingefährlich, nicht nur ärgerlich.

Das Phänomen ist, daß die deutsche Öffentlichkeit das alles verdaut, keinen Anstoß nimmt, im Gegenteil: Klatscht. Die FAZ sprach im Wahlkampf von »Rainer Kennedy«, Matthias Walden findet: »Er hat sehr viel Vernunft. Meist sagt er Richtiges, Logisches, die CDU hält ihn für ihren begabtesten Mann.« Er ist nicht begabt. Er ist gefährlich.

Die Zitate von Barzel sind aus seiner Rede vor dem Forum 66 zur Wirtschafts- und Gesellschaftspolitik, 4. Februar 1966; aus seiner Bundestagsrede zur Regierungserklärung am 29. November 1965; aus seiner Wahlanalyse zur Bundestagswahl 1961 vom März 1962.

Nr. 3, 1966

Der *Verein »Rettet die Freiheit«* war eine der ersten Initiativen, mit denen sich der junge CDU-Bundestagsabgeordnete *Rainer Barzel* profilierte. Die praktische Tätigkeit dieses antikommunistischen Vereins bestand darin, Material über alle nicht CDU-konformen Intellektuellen zu sammeln, aus dem Zusammenhang gerissene Zitate in einem »Rotbuch« zu veröffentlichen und die Betroffenen als Söldlinge Moskaus hinzustellen. Als der plumpe Antikommunismus aus der Mode kam, sprang der wendige Barzel schnell von dieser Initiative ab.

Die sowjetische Note

Amerikaner und Franzosen ziehen Truppen aus dem Kommandobereich der Nato ab, was faktisch eine militärische Verdünnung ausmacht, obwohl von einer Disengagement-Politik in Mitteleuropa sowenig die Rede ist wie eh und je. Der materielle Zerfall der Nato hat schon seine zweite Phase erreicht, ihr ideologischer Zerfall fängt erst an.

Primär wurden Sinn und Zweck der Nato durch die militärtechnische Entwicklung überholt. Das begann am 4. Oktober 1957, als die Russen ihren ersten Sputnik um die Erde schickten und damit bekanntmachten, daß sie über Interkontinentalraketen verfügten. Damit konnte die USA nicht mehr in Europa verteidigt werden, seitdem sind die Atomwaffen produzierenden Staaten nicht mehr auf Abschußrampen in fremden Ländern angewiesen, das atomare Patt gilt für alle Punkte der Erde zugleich. Der konventionelle, lokale Krieg wurde wieder diskutabel als einzig mögliche Kriegsform mit Überlebenschance. Atomwaffen sind seitdem Insignien von Macht; strategisch kommen sie nur insofern vor, als man sie nicht einsetzen will – jedenfalls auf amerikanischer und russischer Seite nicht. Ihre Anwendung wäre nicht mehr nur moralischer Mißbrauch, sondern auch politischer; die Folgen von Hiroshima waren abzusehen, heute wären sie es nicht.

(Parallel zum Zerfall der Nato erweist sich die ebenfalls von John Foster Dulles geschmiedete Seato heute als funktionsunfähig. Für das Engagement der Amerikaner in Vietnam dient sie nur noch als Vorwand, selbst einsatzfähig ist sie nicht.) Das Instrumentarium des Kalten Krieges – Militärbündnisse und Militärbasen rund um die Sowjetunion – ist duch die militärtechnische Entwicklung unbrauchbar geworden.

Indem die Nato ihre militärische Logik verlor, wurde sie auch propagandistisch unglaubwürdig. Antikommunismus allein genügt nicht, Bündnisse und Freundschaften zu stiften. Zumal die Mär von der Aggressionsabsicht des Weltkommunismus seit der Eroberung Osteuropas infolge deutscher Kriegsstiftung keine Nahrung mehr erhalten hat, die Angst der Völker vor kommunistischer Eroberung propagandistisch verbraucht ist. Nur so ist es zu erklären, daß die Bundesregierung in ihrer Friedensnote davon ausgeht, die Erklärungen der UdSSR, sie wünsche keinen Krieg, seien ernst gemeint. Insofern stellt die Friedensnote durchaus den Versuch dar, sich auf eine neue Situation einzustellen, die Nato-Krise als Krise einer Politik nicht nur eines Bündnisses zu verstehen; sie deutet den ideologischen Nachholbedarf an, der durch den materiellen Zerfall des Bündnisses fällig geworden ist. Es fragt sich, ob das, was die Friedensnote an Ansätzen bietet, genügt, ob sie nicht doch hinter der tatsächlichen Entwicklung hinterherhinkt, zu der das faktische Disengagement durch den Abzug von Natotruppen gehört, aber auch das SED-SPD-Gespräch, schließlich der in London geäußerte Wunsch, der Nato einen politischen, einen entspannungsfreundlichen Inhalt zu geben – die Institutionen des Bündnisses für eine neue Politik einzusetzen.

Die Doppelzüngigkeit, die den östlichen Nachbarn nicht entgangen ist und den westlichen nicht entgangen sein dürfte, liegt darin, daß zwar den osteuropäischen Staaten Gegenseitigkeitserklärungen auf Gewaltverzicht in internationalen Streitigkeiten angeboten werden, dazu ein Beobachteraustausch bei Manövern der Streitkräfte, die Angebote aber die DDR auslassen, weil ihre Staatlichkeit nicht anerkannt wird, Streitigkeiten mit ihr also nicht international, sondern national wären, innerdeutsche Streitigkeiten, im Rahmen eines Inneren Notstandes wohl zu erledigen. (Wozu sonst das Heckmeck mit dem Inneren Notstand, wenn nicht, um mit der DDR Krach haben zu können, ohne sie deshalb anerkennen zu müssen?) Aus der Position des Alleinvertretungsanspruches ist Krieg gegen die DDR nicht Krieg, nur die Bereinigung einer innerdeutschen Angelegenheit. So ist es zu erklären, daß Ost und West in dieser Frage permanent aneinander vorbeizureden scheinen, so ist es zu erklären, daß eine Note, die allgemein bekannt macht, man werde sich den Handstreich gegen die DDR vorbehalten, »Friedensnote« genannt wird. Geht man davon aus, daß die DDR ein Staat ist, dann ist die Note der Bundesregierung – so schroff muß es gesagt werden – eine Kriegsnote.

Die Antwort der Sowjetunion fällt weniger scharf aus als unsere Kritik. Sie gibt zwar ihren Zweifeln an der Friedensbereitschaft der Bundesregierung Ausdruck, indem sie nachweist, daß der Verzicht der Bundesregierung auf nationalen Besitz und nationale Produktion von Atomwaffen den dritten Weg offen läßt, nämlich Mit-Besitz und Teilhabe an der Verfügungsgewalt im Rahmen eines Bündnisses. Sie gibt auch unverhohlen ihr Mißtrauen kund gegenüber Versicherungen, wie: Die Bundesrepublik wolle spaltbares Material nur für friedliche Zwecke verwenden (immerhin gibt es zu denken, daß der von Hans Magnus Enzensberger in einem Offenen Brief an Kai Uwe von Hassel vorgetragene Verdacht, die Bundesregierung arbeite mit der Südafrikanischen Union bei der Herstellung und Erprobung eigener Atomwaffen zusammen, vom Bundesverteidigungsministerium bisher nicht widerlegt, nicht einmal dementiert worden ist – vgl. Kursbuch 4/1966). Aber diese Zweifel und Verdächtigungen werden ohne Schärfe und Ingrimm vorgetragen.

Bemerkenswert und diskutabel erscheinen uns nun aber die Vorschläge, die die Sowjetregierung zum Verhandlungsgegenstand mit der Bundesregierung machen will. Da ist natürlich von einem Vertrag über die Nichtverbreitung von Atomwaffen die Rede, aber auch davon, daß gegen Nicht-Nuklear-Staaten, die auch keine Kernwaffen auf ihrem Territorium haben, keine Kernwaffen eingesetzt werden sollen. (Ein solches Abkommen würde die Luftschutzpläne der Bundesregierung überhaupt erst brauchbar machen.) Weiterhin ist die Rede vom Abzug ausländischer Truppen, von der Auflösung von Nato und Warschauer Pakt, vom Rapacki-Plan, der Aufnahme beider deutscher Staaten in die UNO, von einer europäischen Sicherheitskonferenz.

Jeder dieser Vorschläge könnte in Bonn ohne Prestige-Verlust, ohne den Skandal einer totalen Kursänderung erwogen werden. Es wäre durchaus möglich, den Kalten Krieg, dessen Institutionen sich bereits auflösen, einschlafen zu lassen. Die durch die Friedensnote provozierten Vorschläge der Sowjetunion sind in keinem Stück unzumutbar. Und niemand weiß, wie lange sie auf dem Verhandlungstisch liegenbleiben.

Nr. 6, 1966

Seato: South East Asian Treaty Organization; der Nato entsprechendes Militärbündnis im südostasiatischen Raum.

Franz Strauß

»Ob man es mag oder nicht: Franz Josef Strauß ist wieder im Kommen«, schrieb DIE ZEIT im April 1966 und sprach aus, was denkt, wer auf sich hält. Den ZEIT-Leuten kommt er offenbar von oben, vom Himmel sozusagen, wie Tag und Nacht, Sonne und Regen (Krieg und Frieden); Franz Josef Strauß – unser Schicksal. Widerspruch aus der demokratischen Öffentlichkeit, gar erfolgreicher Widerspruch, wird nicht für möglich gehalten, daran wird nicht gedacht, das kommt nicht vor. Jenes im Grunde obrigkeitsstaatliche Denken, das Anstoß nahm an seiner privaten, persönlichen Unzulänglichkeit, das – elitebewußt – von einem Minister erwartet, daß er tugendsamer, vornehmer, kühler, enthaltsamer sei als das gemeine Volk – dies auf die Person, nicht die Sache gerichtete Denken findet seinen ideologischen Vollzug im Gefühl der Unabänderlichkeit von Franz Josef Strauß' Come-back. Sein neuer Messerhaarschnitt – äußeres Merkmal innerer Läuterung – wurde schon befriedigt zur Kenntnis genommen; seine formalen Qualitäten: Intelligenz, Vitalität, Schwung – vom Ruch mangelhafter charakterlicher Integrität befreit – stehen der Öffentlichkeit endlich wieder zur Verfügung. Wie der Schah von Persien für die Wochenendpresse nur nett zu Farah Diba zu sein braucht, um Beifall zu finden, mußte Strauß nur aufhören, Augstein einsperren zu lassen und ein paar Prozesse halbwegs gewinnen, um wieder ganz salonfähig zu werden – politische Konzeptionen stehen hier wie da nicht zur Diskussion.

Strauß' Come-back ist aus doppeltem Anlaß bemerkenswert: Wegen der Konstellation, die ihm – gerade ihm – so immensen Auftrieb gibt; wegen des Konzepts, mit dem er kommt – scheinbar unaufhaltsam. Er kommt als der, der fehlt, als der Erwartete. Kein Interview, das nicht herausfinden möchte, wann er endlich kommt; kein Ressort, das ihm nicht quasi angeboten worden wäre: Verteidigung, Wirtschaft, Landwirtschaft, Post, Inneres, Äußeres. Wenn Schröder Kanzler würde, würde er Außenminister, hat es schon geheißen, und wenn Erhard Präsident wird, würde er Kanzler, darf wohl hinzugefügt werden. Er aber wird sich – ähnlich wie die neuen Inspekteure der Bundeswehr – bitten lassen, um dann gleich Bedingungen stellen zu können. Er kommt nicht wie einer unter vielen, er kommt als ER, der einzige, langersehnte, der sich opfert, für dessen Opfer andere sich erst als würdig erweisen müssen. Dabei wird er sich noch eine Weile Zeit lassen. Mögen andere sich im gegenwärtigen Desaster verschleißen. Möglicherweise auch: Mögen andere noch das Grundgesetz für den Fall eines Notstandes ändern, mögen anderer Popularitätskurven mit der Konjunktur fallen. Strauß hat Zeit. Er hat erlebt und seine Zeitgenossen mit ihm, daß außerhalb der Regierung besser Karriere gemacht werden kann als innerhalb. Er hat sich die Erfahrung zunutze gemacht, daß die politische Öffentlichkeit – Presse, Kirchen, Verbände etc. – Parteizugehörigkeit immer noch als Privatsache behandeln, Fragen innerparteilicher Demokratie als quasi klub-intern, außerparteiliche Einmischung als Indiskretion. Er hat sich die Erfahrungen zunutze gemacht, daß er als Parteipolitiker sagen kann, was er will, sich einmischen, produzieren, profilieren kann, ohne permanenter Kritik ausgesetzt zu sein, weder seitens des Parlaments, dem er angehört, noch seitens der Presse, die – soweit sie nicht mit ihm befreundet ist – keinen Grund hat, ihn dauernd wahrzunehmen. So steigt er auf als einer, von dem nicht gesagt werden kann, man hätte seine Gedanken und Pläne nicht gekannt, und doch unbehelligt, als einer, der nie einem was zuleide tat.

Als er für Hans Germani seine Südafrikaerfahrungen zusammenfaßte: daß dort nicht von »Versklavung«, sondern von »einem Mangel an politischen Rechten« die Rede sein müßte, daß man es nicht mit einer »Herrenrassen-Ideologie« zu tun habe, sondern mit »einer Art religiösen Verantwortungsbewußtseins«, nicht mit einem »Polizeistaat«, sondern mit einem Land »unter scharfer Kontrolle« (DIE WELT, 11.5.1966), mag mancher die Unverfrorenheit bestaunt haben, mit der er dem Terror in Südafrika abendländische Werte abgewann und westeuropäische Demokratievorstellungen dabei relativierte – eine parlamentarische Anfrage, große Kommentare, auch nur eine bissige Glosse im Fernsehen blieben ihm erspart. Ein Mann außerhalb der Regierung hat die volle Publizität eines Regierungsmitgliedes, publizistisch wird er bestenfalls ironisch (»Sauberes Südafrika« – DIE ZEIT) zur Kenntnis genommen. Mit gleicher Privat-Manns-Freiheit konnte er der ZEIT jenes Interview geben, das In- und Ausland erschreckt hätte, wenn er es als Minister gegeben hätte. Mit so dubiosen Formulierungen wie: »Ich bin der festen Überzeugung, daß der Zweite Weltkrieg eine geschichtliche Katastrophe ist; ... daß man aber geschichtliche Katastrophen nur durch große geschichtliche Veränderungen überwinden kann. Und nicht durch Neutralisierungspläne, Disengagementspläne, Grenzangebotspläne.« Mit so überraschenden Eingeständnissen wie: »Eine von den Franzosen mitgetragene deutsche Politik kann nicht so leicht als aggressiv ausgegeben werden.« Mit so weittragenden Bekenntnissen wie: »Ich glaube nicht an die Wiederherstellung eines deutschen Nationalstaates, auch nicht innerhalb der Grenzen der vier Besatzungszonen.« Was meinte er, als er von der Schaffung eines europäischen Bundesstaates sprach, dessen Zentralgewalt die militärische Vollmacht haben müsse, die Vollmacht über britischen und französischen Atomwaffenbesitz? (DIE ZEIT, 8. 4. 1966) Wenn das alles nicht leeres Geschwätz sein soll, leer, weil bar aller politischen Voraussetzungen, weil auch Herr Strauß gar nicht gebeten wurde, England und Frankreich Verhaltensvorschriften zu machen, dann müßte das mal einer dechiffrieren, dann müßten Herrn Strauß mal konkrete Erläuterungen abverlangt werden. Andernfalls darf er nicht erstaunt sein, wenn dieses alles schlicht als Hegemoniestreben und Kriegsplanung ausgelegt wird. Wenn ihn seine Freunde nicht zur Präzision zwingen, darf er sich über angebliche Mißdeutungen seiner Gegner nicht wundern. Es wird Zeit, daß sich die Geister wieder scheiden: Die, die an Herrn Straußens Charakter interessiert sind, und die, die seine Politik meinen; die, die von Hassels Rücktritt fordern, weil er kein Ministerium leiten kann, und die, die Abrüstung für den einzigen Ausweg halten; die, die über Erhard verzweifeln, weil er die bisherige deutsche Politik in Mißkredit bringt, und die, die eine andere deutsche Politik wollen. Ein Erhard und ein Hassel, die unfähig sind, ihr Dilemma zu kaschieren, sind immer noch besser, als ein Strauß, der verdächtig ist, mit Demokratie und Außenpolitik südafrikanisch umgehen zu wollen.

Die Zeit arbeitet für Strauß. Nur die Verfassung ist immer noch so beschaffen, daß etwas dagegen gesagt und unternommen werden kann. »Ob man es mag oder nicht.«

Nr. 10, 1966

Hans Germani: Langjähriger Korrespondent der Tageszeitung ›Die Welt‹ in Südafrika.

Große Koalition

Der Schritt war fällig. Man kann sich darüber ärgern, man braucht sich nicht zu wundern. Er ist seit Godesberg systematisch vorbereitet worden. Alle Hoffnungen, die sich in diesen Jahren an die SPD knüpften, waren Selbsttäuschungen. Der Überraschungseffekt, die Sensation liegt nicht im Verrat, nicht darin, daß sich Bluff als Bluff erwiesen hat, nicht darin, daß Wehner der ist, für den ihn seine Gegner, die ihn haßten, weil sie ihn lieben wollten, immer gehalten haben. Die SPD hat sieben Jahre lang auf die Große Koalition hingearbeitet, und daß ihr erst jetzt die Chance in den Schoß fiel, ist nicht ihre Schuld. Sie wollte sich prostituieren, was ist dabei, daß sie es endlich tut? Das Erstaunliche ist, daß sie es in einem Moment tut, in dem das Gewerbe nichts mehr einbringt.

Die Voraussetzung für den Wandel der SPD zur Volkspartei war ein Wirtschaftswunder, das alle Bevölkerungsschichten in seinen Sog nahm, so daß Interessengegensätze in Staat und Gesellschaft verschleiert werden konnten. Jahrelange Vollbeschäftigung täuschte den Arbeiter darüber hinweg, daß sein Arbeitsplatz so wenig gesichert ist, so anfällig für Konjunktur und Baisse wie eh und je. Arbeitskräftemangel führte zu Verdienstmöglichkeiten, die mehr langfristige Konsumplanung zuließen, als deutsche Arbeitnehmer je hatten, ließ ein Gefühl von Unabhängigkeit entstehen, das die Tatsache unverminderter Abhängigkeit aus dem Bewußtsein des einzelnen verdrängte. Die Chance für jedermann, die eigene Lebenslage zu verbessern, gab ein Gefühl der Zufriedenheit, das nicht geeignet war, sich an den Grenzen der eigenen Freiheit zu stoßen, machte gegenüber den Regierenden vertrauensselig und lustlos zur Kritik. So konnte Kritik als Gemecker verpönt werden, Meinungsverschiedenheiten als Gezänk, die Notwendigkeit einer politischen Alternative war nicht offensichtlich, es schien ja auch so alles glatt zu gehen. Überlegener westlicher Lebensstandard ließ keinen Zweifel an der Überlegenheit der herrschenden antikommunistischen

Weltanschauung aufkommen. Rehabilitation und Anerkennung in der westlichen Welt beruhigten das schlechte Gewissen, wann immer es sich rührte, gegenüber einer restaurativen innenpolitischen Entwicklung, der Wiederverwendung alter Nazis, der Remilitarisierung, dem Abbau demokratischer Freiheiten durch die Notstandsgesetzgebung.

Es waren diese materiellen Voraussetzungen, aufgrund derer die SPD-Führung den Rechtsruck ihrer Partei durchsetzen konnte, die Linke austricksen, Volkspartei werden, die CDU umarmen, gemeinsame Außenpolitik konzipieren, von Sozialpartnerschaft faseln, Volksgemeinschafts- und Familiensinn entwickeln und die Gewerkschaften täuschen konnte und zugleich Stimmen gewinnen, Popularität, öffentliches Ansehen und Sympathie. Man wollte an den Erfolgen der CDU partizipieren.

Inzwischen ist man zum Opfer des eignen Opportunismus geworden, die Lust, sich zu verbünden, wurde zum Selbstzweck, nicht die Erfolge, die Mißerfolge, nicht den Profit, sondern den Bankrott zu teilen, ist man eingestiegen. Neu also und erstaunlich, zu beklagen auch ist nicht der Verrat, ist vielmehr die sich jeder Beschreibung entziehende politische Impotenz der SPD-Parteiführung. Die Situation wäre komisch, wenn sie nicht folgenschwer wäre. Die sich da verbünden, lieben sich nicht, und es ist absehbar, daß es der CDU gelingen wird, in drei Jahren die Schuld für eine unpopuläre Politik der SPD in die Schuhe zu schieben: Die eine Million Arbeitslosen, von denen der Präsident der Bundesanstalt für Arbeitsvermittlung in Nürnberg jetzt sprach; die Arbeitslosigkeit insbesondere an der Ruhr; die Verhärtung von Lohnkämpfen, die der Präsident der Bundesvereinigung der Arbeitgeberverbände ankündigte; der geplante Abbau von Sozialleistungen; die Entmündigung der Länder durch das Stabilisierungsgesetz; die Kosten für jeden einzelnen durch die schon von den alten Koalitionsparteien verabschiedeten Notstandsgesetze. Man wird die SPD sehr leicht zum Sündenbock machen, insofern das alles ja erst allgemein spürbar wird, nachdem sie in die Regierung eintrat. Gewinnen aber wird diejenige Partei dabei, die gegenwärtig die einzige mit einer politischen Alternative ist, die einzige, die verspricht, alles ganz anders zu machen, die NPD, und es ist durchaus vorstellbar, daß schon 1969 ein Kanzler Strauß die CDU/CSU/NPD-Koalition führt. Immerhin hat Strauß schon jetzt die Meinung seines Parteisekretärs Jaumann, man könne mit der NPD nicht verhandeln, als dessen »persönliche Meinung« abgetan.

Wenn diese Prognose auch spekulativ ist, so ist die andere, daß der Deutsche Bundestag, der ohnehin seit 1959 keine diskutierfreudige Anstalt mehr ist, 1969 tot sein wird, so viel wie gewiß. Die FDP wird kaum in der Lage sein, die Regierung zu permanenter Rechenschaft herauszufordern, die Regierungsparteien aber erledigen in Kabinetts- und Fraktionssitzungen, was sie untereinander auszumachen haben.

Das Absterben der parlamentarischen Diskussion wird begleitet werden auch vom Absterben politischer Kontraste in den Funk- und Fernsehanstalten, die – weitgehend von den Regierungsparteien kontrolliert – mehr noch als bisher gehalten sein werden, Regierungspolitik nicht zu kritisieren, sondern zu interpretieren, nicht Meinung zu machen, sondern Erklärungen zu produzieren. Die Springerpresse – 39,2 Prozent der deutschen Tageszeitungen, 100 Prozent der Sonntagsblätter –, Einpeitscher der Großen Koalition, wird tun, was sie kann, mit Antikommunismus und Gemeinschaftsideologie, mit »Seid nett zueinander« und BILD-Familie, den ideologischen Überbau zu schaffen, die verbliebenen Kritiker zu verketzern, Stimmung zu machen, auch zu lenken, abzulenken.

Ist also Hopfen und Malz verloren, die zweite deutsche Republik perdu?

Es sieht so aus, es sei denn..

Es sei denn, die Gegner der Großen Koalition in der SPD und außerhalb schlagen Krach, und das sind doch wohl nicht wenige, wie man auf dem Frankfurter Anti-Notstandskongreß sah und in diesen Tagen an den partei-internen Diskussionen, und lassen sich nicht einschüchtern, sondern lassen wissen, daß es Stabilisierung nicht gibt, daß der Haushalt nicht einer zu teuren Politik angepaßt werden kann, sondern nur die Politik dem Haushalt, also weniger Kalter Krieg und weniger Rüstung, dafür mehr Entspannung Richtung Osten und weniger Propaganda, weniger Unterstützung für den Vietnam-Krieg, dafür mehr DDR-Kontakte, weniger Devisenausgleich, dafür mehr Passierscheinabkommen, weniger Wehner, mehr Harry Ristock, weniger Helmut Schmidt, mehr Schellenberg, weniger Antikommunismus, mehr gesamtdeutsche Kommissionen, weniger Notstandsgesetze, mehr Bildung. Das wären alles Illusionen? Es bleibt gar nichts anderes übrig.

Nr. 12, 1966

Napalm und Pudding

Ein Vorwurf kann den Berliner Pudding-Kommunarden nicht erspart bleiben: Daß sie, auf ihre plötzliche Publizität nicht vorbereitet, die Gelegenheit, in Fernsehen und illustrierter Presse ihre Aktion zu erklären, nicht nutzten. Anstatt das Aufsehen, das sie erregten, auf Vietnam zu lenken, anstatt die interessierten Fragen der Presse mit Wahrheiten über Vietnam zu beantworten, mit Fakten, Zahlen und Politik, redeten sie von sich selbst. Gewiß hat die Form des Zusammenlebens für diese Leute ihren Sinn in sich selbst, hinsichtlich ihrer Puddingaktion aber erwies sie sich vor allem als geradezu brillantes Mittel, Polizei, Presse und Politiker zu irritieren, sie zu jenen Kurzschlußreaktionen zu provozieren, in der sich ihre ganze moralische und politische Unsicherheit bezüglich des Vietnamkrieges dokumentierte. Indem die Studenten nicht nur eine Puddingaktion vorbereiteten, sondern obendrein den Bürgerschreck markierten, brachten sie das seit Jahren funktionierende Boykottsystem der Springerpresse und ihrer politischen Anhänger durcheinander, brachten – obendrein auf höchst amüsante Weise – die Mauer des Verschweigens, die sonst gegenüber oppositioneller Aktivität in der Bundesrepublik besteht, zu Fall. Ihre plötzliche Publizität aber nutzten sie nur für ihren privaten Exhibitionismus, snobten nicht nur die sie interviewenden Journalisten, sondern ja auch deren Zuschauer und Leser, verschenkten die Chance, zwischen ihrem besseren Wissen über das, was in Vietnam geschieht, und einer schlecht informierten Öffentlichkeit zu vermitteln. Offenbar sind sie selbst noch im Stadium der Verwirrung über ihr tabubrecherisches Liebesleben, haben ihren Mao, obwohl »Maoisten«, nicht gelesen: »Bei einer Massenversammlung kommt es vor allem darauf an, die Anteilnahme der Menge zu erwecken« – das ist ihnen gelungen – »und passende Slogans aufzustellen« – die blieben sie schuldig. Wenn man begreift, daß es nicht jugendlicher Leichtsinn und pubertäre Gärung ist, der die Studenten zu ihren Aktionen verleitet, sondern besseres Wissen im Bündnis mit einer relativen Unabhängigkeit – mehr Zeit zum Diskutieren und besserer Zugang zu Informationsquellen als andere Bevölkerungsgruppen sie haben –, dann wiegt es um so schwerer, daß diese Berliner Elf es nicht für nötig hielt, ihre Spielregeln verständlich zu machen.

Immerhin, es waren die Studenten, denen es in den letzten Monaten zunehmend gelang, mit ihren Protestaktionen gegen den Vietnamkrieg den Boykott der bundesrepublikanischen Presse zu durchbrechen, ihre Demonstrationen zu Ereignissen zu machen, mit denen sich die Öffentlichkeit beschäftigen mußte. Es sind gegenwärtig hauptsächlich Studenten, die jene neuen Modelle politisch-oppositionellen Verhaltens entwikkeln, die nicht mehr als Beweis einer Pseudo-Liberalität verrechnet werden können, auch nicht verschwiegen werden können. Es sind hauptsächlich die Studenten, die die Befürworter der amerikanischen Kriegsführung in Vietnam, die bekanntlich identisch sind mit den Befürwortern einer Notstandsgesetzgebung, zwingen, Farbe zu bekennen. Mit Polizeiknüppeln fing es an, inzwischen wird bereits das Verbot des Sozialistischen Studentenbundes gefordert, der Ausschluß einiger Studenten aus der Universität, die Grenze zwischen politischem Radikalismus und Kriminalität sei überschritten.

Nicht Napalmbomben auf Frauen, Kinder und Greise abzuwerfen, ist demnach kriminell, sondern dagegen zu protestieren. Nicht die Zerstörung lebenswichtiger Ernten, was für Millionen Hunger und Hungertod bedeutet, ist kriminell, sondern der Protest dagegen. Nicht die Zerstörung von Kraftwerken, Leprastationen, Schulen und Deichanlagen ist kriminell, sondern der Protest dagegen. Nicht Terror und Folter durch Special Forces sind kriminell, sondern der Protest dagegen. Nicht die Unterdrückung einer freien Willensbildung in Südvietnam, das Verbot von Zeitungen, die Verfolgung von Buddhisten ist undemokratisch, sondern der Protest dagegen in einem »freien« Land. Es gilt als unfein, mit Pudding und Quark auf Politiker zu zielen, nicht aber, Politiker zu empfangen, die Dörfer ausradieren lassen und Städte bombardieren. Es gilt als unfein, auf Bahnhöfen und an belebten Straßenecken über die Unterdrückung des vietnamesischen Volkes zu diskutieren, nicht aber, im Zeichen des Antikommunismus ein Volk zu kolonialisieren.

Hubert Humphrey durfte in Berlin erklären, »die Berliner dürften es gut verstehen, wenn sich die Vereinigten Staaten verpflichtet fühlten, ihr dem Volk von Südvietnam gegebenes Wort ebenso einzuhalten, wie ihr Versprechen zur Erhaltung der Freiheit Berlins« (Neue Zürcher Zeitung am 8. April).

Die Berliner sollten wissen, daß das Volk von Südvietnam nie um ein solches Versprechen gebeten hat, daß dieser Satz des US-Vizepräsidenten keine Zusicherung ist, sondern eine Drohung, amerikanische Berlin-Politik auch dann zu machen, wenn die Berliner es gar nicht oder anders wollen. Die Politiker in Bonn und Berlin wissen es. Wissend haben sie die Studenten zusammenschlagen lassen, verhaften, verleumden, bedrohen. Wissend hat Günter Grass die elf aus Uwe Johnsons Dachstuben gefeuert, wissend hat der akademische Senat in Berlin mit einem Verbot des SDS an der Freien Universität gedroht. Napalm ja, Pudding nein.

Die Frankfurter Rundschau mäkelte: »Wer glaubt, sich nur mit Explosionskörpern Gehör verschaffen zu können, muß sich gefallen lassen, daß er zu jenen gerechnet wird, die sich der Sprache der Bomben verpflichtet fühlen.« (7. 4.) Milchprodukte in Tüten mit Bomben und Geschossen, die schlimmer als die von der Genfer Konvention verbotenen Dum-Dum-Geschosse sind, zu vergleichen, heißt einen Krieg zum Kinderspiel erklären. Und ist es der Frankfurter Rundschau noch nie aufgefallen, daß wie auch immer formulierte Meinungsäußerungen von Studenten und anderen oppositionellen Gruppen nicht abgedruckt werden, es sei denn, ihre Veröffentlichung wird lärmend erzwungen? Hält die Rundschau sich selbst für den Springerkonzern?

Um Avantgarde zu sein, sind die Studenten zu isoliert, auch wenig fähig, sich einer an BILD-Deutsch gewöhnten Öffentlichkeit verständlich zu machen. Aber sie haben Modelle geschaffen: Wie und daß man es machen kann, zur Kenntnis genommen zu werden, und was passiert, wenn Oppositionelle unmißverständlich werden. Das ist nicht Abenteuerei, sondern Witz, wenn man mit Pudding und Diskussion, und Konfetti, Bonbons, Joghurt und Eiern, und kleinen Gruppen vor amerikanischen Konsulaten Schlagzeilen hinkriegt. Polizeiknüppel, voreilige Verhaftungen und administrative Maßnahmen aber geben einen Vorgeschmack dessen, was durch Notstandsgesetze legalisiert werden soll. Mit ihren Vietnam-Demonstrationen ist es den Studenten gelungen, der bundesdeutschen Demokratie ein wenig auf den Zahn zu fühlen. Der ist faul. Das der Öffentlichkeit zur Kenntnis gegeben zu haben, ist ein Verdienst.

Nr. 5, 1967

Als der amerikanische Vizepräsident *Hubert Humphrey* 1967 West-Berlin besuchte, zogen elf Mitglieder der »Kommune 1« – aus Protest gegen den Vietnamkrieg der USA – Puddingbeutel als Wurfgeschosse vor; in der Presse erschien diese harmlose Aktion tags darauf als versuchtes Bombenattentat.

Der Putsch – ein Lehrstück

Der Fall ist es wert, studiert zu werden. Man kann daran lernen, wie man das macht – wer einem hilft – welche Mittel heilig sind. Keiner kann mehr sagen, wir wären über die Fähigkeiten reaktionärer Politiker nicht aufgeklärt worden, hätten die Demokratie für eine Idylle, in der einem nichts passieren kann, gehalten und Parlamentarismus für ein collegium politicum generale. Selten noch war die Geschichte so freundlich, den Völkern einen Blick in ihre eigene Zukunft zu gewähren, unmißverständlich ihnen zu zeigen, wohin der Weg führt, den sie eingeschlagen haben – so eindeutig, so up to date, so mit allen Wassern gewaschen, wie das griechische Beispiel es lehrt. Es ist ein Modell für das, was passiert, wenn die Bevölkerung nicht so will wie die Herrschenden, wenn außen- und innenpolitische Veränderung ansteht.

Der Putsch wurde durchgeführt mit den Mitteln und Methoden, die wir – auf dem Papier – aus Schubladen- und Notstandsgesetzen schon kennen. Formulative Unterschiede rühren daher, daß die einen den Notstand schon durchführen, indes die andern ihn erst planen.

– Griechisch: »Die Veröffentlichung und Verbreitung ›verdächtiger Nachrichten‹, welche die öffentliche Ordnung stören, sind untersagt.«[1] – Bundesdeutsch: »Wer unwahre oder gröblich entstellte Behauptungen tatsächlicher Art, deren Verbreitung geeignet ist, in der Bevölkerung Angst oder Schrecken zu erregen, aufstellt, wird mit Gefängnis bestraft.«[2]

– Griechisch: »Im Falle eines politischen Delikts ist jede provisorische Freilassung unter Kaution verboten, und die Haftdauer ist unbeschränkt.« Bei den Festgenommenen handelt es sich um Politiker und andere Personen, die einer feindseligen Haltung gegenüber dem Militärregime verdächtigt werden. (NZZ 25.4.) – Bundesdeutsch: »Eine Person kann in polizeilichen Gewahrsam genommen werden, wenn sie auf Grund ihres früheren Verhaltens dringend verdächtig ist, daß sie Hochverrat, Staatsgefährdung, Landesverrat, Straftat gegen die Landesverteidigung oder gegen die Sicherheit der drei Mächte begehen, fördern oder veranlassen wird.«[3]

– Griechisch: »Der Streik ist illegal.« – Bundesdeutsch: »Für Zwecke der Verteidigung kann im Bereich der öffentlichen Verwaltung, der Streitkräfte und der Versorgung ... die Freiheit, die Ausübung des Berufs oder den Arbeitsplatz aufzugeben, eingeschränkt werden.«[4]

– Griechisch: »Jedwede Korrespondenz wird der Zensur vorgelegt.« – Bundesdeutsch: »Die Veranstalter von Rundfunksendungen sind verpflichtet, auf Weisung der Bundesregierung oder der von ihr bestimmten Behörde gemeinschaftliche Programme zu senden.«[5]

– Die Verhaftungswelle in der Nacht vom 21. zum 22. April lief glatt, sie war gut vorbereitet. Auch im Fallex-Notstandsbunker ist mit Verhaftungslisten hantiert worden.

– Die Verhafteten wurden in Lager, teilweise auf Inseln, verschleppt. Innenminister Lücke erkundigte sich erst im Dezember vergangenen Jahres nach den Internierungspraktiken anderer westeuropäischer Staaten, ob auch in Griechenland, ist nicht bekannt.

– Politische Jugendorganisationen wurden verboten, den Studenten wurde politische Aktivität untersagt. Die Polemik von Politikern und Presse gegen politische Studentengruppen in der Bundesrepublik und West-Berlin unterscheidet sich nur insofern vom griechischen Beispiel, als sie noch nicht mit Waffengewalt vorgetragen wird.

– Die amtliche griechische Darstellung der Vorgänge könnte – im Notstandsfall – auch von von Hase oder Conrad Ahlers sein: »Subversive revolutionäre Elemente bereiteten eine Erhebung vor, die auf die Zerstörung der verfassungsmäßigen Ordnung, die Unterdrückung der Freiheiten des Volkes und die Aufhebung der Bündnisse abzielte ...« Wie anders sollte der Putsch auch gerechtfertigt werden? Man kennt diese Handschrift, seitdem John Foster Dulles mit Bruder und CIA-Chef Dulles die amerikanische Außenpolitik organisierte und in der Bundesrepublik der Innenminister Schröder gegen die Antiatombewegung des Sommers '58 loslegte, wenig später den ersten Notstandsentwurf veröffentlichend; auch Lücke kann griechisch: »Die mit der Wahrung der öffentlichen Sicherheit betrauten Behörden, die bereits seit einiger Zeit über die subversive Tätigkeit informiert waren, besitzen heute mehrere Tonnen schriftlichen Beweismaterials hierüber, das sie demnächst veröffentlichen werden.« Das kann – im Falle eines Notstandes – wörtlich übernommen werden. Aber wahrscheinlich liefert der CIA die Regierungserklärungen hektografiert in der Originalsprache.

Ohne ausländische Unterstützung kein Putsch, ohne moralische Rückendeckung kein antikommunistischer Terror, nicht in einem EWG-Land, in einem NATO-Land, einem christlichen Land, einer Monarchie, wo die Armee statt dem Parlament einem unkontrollierbaren König untersteht und die Esso Öl sucht. Auch der Dollar braucht Sicherheit.

3,5 Milliarden Dollar Entwicklungshilfe soll Griechenland seit 1947 bekommen haben, davon war die Hälfte Militärhilfe, zur Ausstattung jenes Militärs, das Oppositionelle einsperrt. So wird Dean Rusks triumphierende Stellungnahme verständlich: »Ich bin glücklich, feststellen zu können, daß Griechenland weiterhin eine kräftige Stütze der NATO bilden wird«; nur einen Schlenker lang kümmern ihn die Verhafteten: »Der amerikanische Botschafter hat Zusicherungen weitgehender Art erhalten, die zufriedenstellend sind.« (NZZ 30.4.) Klar, daß die Militärhilfe nicht eingestellt wird – noch im letzten US-Haushalt 78,7 Millionen –, auch wenn McNamara während der Nato-Tagung in Paris seinem griechischen Kollegen damit gedroht haben soll, wenn Griechenland nicht bald zu verfassungsmäßigen Zuständen zurückkehrte. Quält sich die Frankfurter Allgemeine: »Der jetzt beschlossene teilweise Lieferungsstop soll offensichtlich diese Warnung konkretisieren, ohne daß dabei gleich alle Brücken zu Griechenland abgebrochen werden, dessen neues Regime auf Einwirkungsversuche von außen sehr abweisend reagiert.« (18.5.) Selten gelingt Verstellung so schlecht, oder: Lügen haben kurze Beine. Gemeint ist: Um die neue Regierung unter Druck zu setzen, müßte man einen radikaleren Lieferungsstop durchführen, was man aber nicht tut, um sie nicht unter Druck zu setzen. Sie gefällt, diese Regierung: Dean Rusk, der FAZ, der SPD, der CDU, und jeder hat seine eigenen Gründe dafür. Hätten wir eine Opposition mit politischer Alternative und Wahlerfolgen – das griechische Beispiel beweist, daß ihre Beseitigung nicht nur möglich ist, sondern auch reibungslos geht, unblutig, in netter Form, in bestem Einvernehmen mit allen Bündnispartnern. Ein paar Panzer, ein paar tausend Inhaftierte, das Parlament in Bonn kann bleiben. Wenn ich der Kanzler wäre, ich schickte Patakos einen Mercedes 600 und eine Kiste Henkell trocken und eine Studienkommission, um das eigene Notstandsprogramm noch zu verbessern, zu vervollständigen. Sicher ist sicher. Einige Demokratien in Westeuropa sind Kartenhäuser. Will man sie benutzen, stürzen sie ein.

Anmerkungen

[1] Die Griechenland betreffenden Zitate sind der Neuen Zürcher Zeitung entnommen: 27. 4. – 23. 4. – 23. 4. – 23. 4. – 3. 5.

[2] Erste Notverordnung zur Ergänzung des Strafrechts § 5, 3

[3] Notverordnung über Sicherheitsmaßnahmen § 1, 2

[4] Entwurf der Notstandsverfassung Artikel 12, 3 – zit. nach FAZ 7. 4. 1967

[5] Notverordnung über das Informationswesen § 5

Nr. 6, 1967

Im April 1967 putschte das griechische Militär unter *General Patakos* erfolgreich gegen die Regierung Karamanlis; es folgte eine siebenjährige Militärdiktatur. – *Fallex*: Nato-Manöver 1967; es war eine vorgezogene Notstandsübung: es sah den Umzug der Regierung in einen Bunker in der Eifel vor, von wo aus sie ohne parlamentarische Kontrolle als Notstandskabinett regieren sollte. – *Karl-Günther von Hase* und *Conrad Ahlers* waren Pressesprecher der Bundesregierung zur Zeit der Großen Koalition. – *Robert McNamara* war zu dieser Zeit Verteidigungsminister der USA.

Drei Freunde Israels

Israel genießt derzeit dreierlei Sympathie. Die Sympathie der europäischen Linken, die nicht vergessen wird, wie ihre jüdischen Mitbürger verfolgt wurden von dem Faschismus, den sie bekämpften; eine Solidarität, die die Jüngeren vorbehaltlos teilen, die gegen Globke und Vialon Stellung bezogen haben und heute noch und wieder gegen SS-Geist und -Praxis demonstrieren, deren letztes und wieder erstes Opfer Benno Ohnesorg heißt. Die europäische Linke hat und hatte nie einen Grund, ihre Solidarität mit den rassisch Verfolgten aufzugeben. Für sie wurde der Nationalsozialismus nicht erst durch die Judengreuel kompromittiert, nicht durch Wiedergutmachung wieder gut. Es gibt für die europäische Linke keinen Grund, ihre Solidarität mit den Verfolgten aufzugeben, sie reicht in die Gegenwart und schließt den Staat Israel ein, den britische Kolonialpolitik und nationalsozialistische Judenverfolgung begründet haben.

Die Menschen, die heute in Israel leben, die Juden nicht nur, auch die Araber, waren nicht Subjekt, sondern primär Objekt dieser Staatsgründung. Wer den Bestand dieses Staates glaubt zur Disposition stellen zu sollen, muß wissen, daß nicht die Täter, sondern wiederum die Opfer von damals getroffen würden. Wenn die Forderung nach einer Aussöhnung mit Polen Bezug nimmt auf das, was Polen durch den Nationalsozialismus angetan wurde, dann gilt dasselbe auch für Israel.

Die zweite Sympathie, derer Israel sich gegenwärtig erfreut, hat andere Motive, ist weniger selbstlos, weniger unbedingt, anders, wenngleich zur Zeit scheinbar ebenso vorteilhaft für das Land. Da sind US-amerikanische Ölinteressen im Spiel, deren Rang und Folgen für die Länder der Dritten Welt am Modell Persien von Bahman Nirumand analysiert und beschrieben worden sind. Vergleichbare Analysen für die amerikanische Öl-Politik in Syrien, Libyen, Kuwait, Saudiarabien liegen noch nicht vor, doch wäre es naiv und weltfremd, anzunehmen, sie spielten keine Rolle für den Konflikt im Nahen Osten, für das Interesse der USA, den Golf von Akaba als internationales Gewässer zu erhalten und am oder in der Nähe des Suez-Kanals durch verläßliche Bündnispartner gegenwärtig zu sein. Solidarität mit Israel rechtfertigt außerdem neben dem NATO-Bündnis mit Griechenland und der Türkei die Präsenz der 6. Flotte im Mittelmeer, hilft ihre Südflanke schützen. Nicht weil die USA und Großbritannien auf den Suez-Kanal als Transportweg für ihr Öl angewiesen wären (die Behauptung, der Seeweg ums Kap mit größeren Tankern sei nicht teurer als mit kleinen Tankern durch die Wasserstraßen des Vorderen Orient, ist glaubhaft), sondern weil die arabischen Länder, würden sie über ihr Öl verfügen können, auf den Suez-Kanal angewiesen wären, können die USA auf ein befreundetes Israel nahe dem Suez-Kanal nicht verzichten.

Auch die Politik der westeuropäischen Linken könnte nicht araberfreundlich im Sinne der Araber sein, müßte ihnen den Verzicht auf Palästina abverlangen, die Bereitschaft zur Koexistenz mit Israel. Die Politik der Vereinigten Staaten aber zielt nicht nur auf die Erhaltung Israels für die Israelis, sondern ebenso auf die Erhaltung des arabischen Öls für die amerikanische Wirtschaft. Wer glaubt, Israel wäre, wenn es diesen Krieg nicht geführt hätte, vernichtet worden, muß wissen, daß dieser Krieg nicht nur einen israelischen Sieg herbeigeführt hat. Wer die Araber verurteilt, muß bedenken, daß die arabische Politik gegen Israel auch berechtigte Interessen enthält, ob man bereit ist, diese zu würdigen oder nicht.

Die dritten Sympathien wurden in der Bundesrepublik hauptsächlich von einer bestimmten Presse zum Ausdruck gebracht und befanden sich augenscheinlich in Einklang mit dem, was als schwarzer Humor, als reiner Hohn empfunden worden wäre, als Politik aber allgemein geduldet wurde: Die Lieferung von Gasmasken an Israel. Erfolg und Härte des israelischen Vormarsches lösten einen Blutrausch aus, Blitzkriegstheorien schossen ins Kraut, BILD gewann in Sinai endlich, nach 25 Jahren, doch noch die Schlacht von Stalingrad. Antikommunistisches Ressentiment ging nahtlos auf in der Zerstörung sowjetischer Mig-Jäger; die Nichteinmischung der Sowjets wurde als Ermutigung erlebt, es in der deutschen Frage den Israelis gleichzutun; der Einmarsch in Jerusalem wurde als Vorwegnahme einer Parade durchs Brandenburger Tor begrüßt. Hätte man die Juden, statt sie zu vergasen, mit an den Ural genommen, der Zweite Weltkrieg wäre anders ausgegangen, die Fehler der Vergangenheit wurden als solche erkannt, der Antisemitismus bereut, die Läuterung fand statt, der neue deutsche Faschismus hat aus den alten Fehlern gelernt, nicht gegen – mit den Juden führt Antikommunismus zu Sieg.

Nicht die Erkenntnis der Menschlichkeit der Juden, sondern die Härte ihrer Kriegsführung, nicht die Anerkennung ihrer Rechte als Mitbürger, sondern die Anwendung von Napalm, nicht die Einsicht in die eigenen Verbrechen, sondern der israelische Blitzkrieg, die Solidarisierung mit der Brutalität, der Vertreibung, der Eroberung führte zu fragwürdiger Versöhnung. Es ist der Geist des »Wer Jude ist, bestimme ich«, der sich da mit Israel verbündete, gleichzeitig mit den Totschlägern in Berlin. Wäre Israel ein sozialistisches Land, kein Zweifel, diese Sympathien gäbe es nicht. Es gäbe nur noch die der europäischen Linken, die unbeirrbaren, rationalen, ehrlichen.

Diejenigen, die gegenwärtig kein kritisches Wort über die Politik Israels dulden wollen, kein Wort über die berechtigten Interessen der Araber (deren Drohung, Israel vernichten zu wollen, dadurch nicht weniger unerträglich wird), die hinter der Forderung, Israel möge sich auf seine Vorkriegsgrenzen zurückziehen, nur sowjetischen Imperialismus wittern – welch eine Verwirrung der Begriffe –, diejenigen tragen nicht dazu bei, Frieden für Israel zu bewirken. Man kann die Interessen eines Landes anerkennen, ohne seine Politik für geeignet zu halten, diese Interessen zu wahren.

Die Solidarität der Linken mit Israel kann sich nicht von den Sympathien der USA und der BILD-Zeitung vereinnahmen lassen, die nicht Israel gilt, sondern eigenen, der Linken gegenüber feindlichen Interessen. Die Solidarität der Linken schließt auch einen Mann wie Moshe Dajan ein, wenn er ermordet werden soll, nicht aber seinen Rechtsradikalismus, seine Eroberungspolitik; so wie sie selbstverständlich mit dem arabischen Nationalismus sympathisiert, nicht aber mit Nassers Kommunistenverfolgung. Die Frage nach vernünftigen, stabilen, politischen Lösungen droht gegenwärtig von pro- und anti-israelischem Freund-Feind-Denken erdrückt zu werden, dem auch die Linke erliegt, wo sie sich zwischen sowjetischer und israelischer Politik entscheiden zu müssen glaubt und davon doch nur auseinanderdividiert wird. Parteilichkeit ist mehr gefragt als Vernunft. Wir unterdrücken die Frage nicht: Was will Israel – leben oder siegen? Als Subjekt seiner eigenen Geschichte muß es diese Frage selber beantworten.

Nr. 7, 1967

Im Juni 1967 besetzte Israel in einem ›Blitzkrieg‹ den Sinai, die sogenannten ›Westbanks‹ und die Golan-Höhen.

Enteignet Springer!

Springer ist nicht alleine schuld am Einheitsdenken der Deutschen: Dem Rechtsruck der SPD, dem KPD-Verbot, dem Antikommunismus, der Nato-Treue, der Vietnam-Komplizenschaft. Im Gegenteil: Er profitierte davon, wurde dadurch erst so groß, wie er heute ist, politisch und wirtschaftlich. Wir wissen es.

Daß der SPIEGEL kein kritisches Wort über Persien zum Schahbesuch fand und der Norddeutsche Rundfunk PANORAMA paralysierte, ist nicht einfach Springers Schuld, und Matthias Walden mochte Barzel schon gerne, als er noch in der Quick schrieb, bevor sie verkauft war, und William S. Schlamms Kolumnisten-Karriere begann im *Stern*, nicht in Springers Welt am Sonntag.

Und daß Augstein seinen platonischen Ruf nach einer Lex Springer mit einem ebenso platonischen Demokratiebegriff begründete (»Demokratie meint nicht Volksherrschaft. Das Volk kann nicht herrschen. Das Volk schläft. Es kann sich im Schlaf lümmeln und rekeln.«), einem Demokratiebegriff, der dem Hause Springer wohl besser anstünde, ist Augstein, nicht Springer vorzuwerfen. Das Volk als Vieh, als Koloß, als Monstrum – Augstein und die Regierung als Führungselite mit internen Meinungsverschiedenheiten dagegen –, hier ist der Unterschied zwischen Augsteins und Springers Weltanschauung kaum wahrnehmbar. Auch für Augstein besteht das Volk nur noch aus verblödeten BILD-Lesern, daran will auch Augstein nicht rütteln. (Augstein: »Ob ein Land sich demokratisch nennen kann, dafür ist nicht Kriterium, ob die Mehrheit seiner Bürger für urteilsfähig gilt ...« Springer: »Das tägliche und überzeugende Votum der Leser für meine Zeitungen ...«) Es ist nicht Springers Schuld allein, daß die Differenz zwischen rechts und links, zwischen SPD und CDU, zwischen Augstein und Springer auf ein Minimum zusammengeschnurrt ist.

Warum also Springer enteignen?

Weil jeder Versuch der Redemokratisierung dieses Landes, der Wiederherstellung von Volksherrschaft, der Bildung urteilsfähiger Bürger jetzt, wo Springer *so* groß und stark ist, wie er ist, an Springer scheitert, scheitern muß. Und das nicht nur, weil er seine Macht – wie viele meinen – mißbraucht, sondern vor allem, weil er sie *hat*.

Das Zeitungssterben in der Bundesrepublik und Westberlin ist bekanntlich nicht die Ursache der Konzentration im Hause Springer, sondern deren Folge. Größere Druckmaschinen, ein weiterreichendes Vertriebsnetz und der Vorsprung im Insertionsgeschäft geben dem Großen gegenüber den Kleineren Wettbewerbsvorteile in die Hand, an denen die Kleinen kaputtgehen können. Die Gründung neuer unabhängiger Zeitungen und Zeitschriften außerhalb der Konzerne ist damit heute schon nahezu unmöglich geworden. Wenn Springer geltend macht, es handle sich bei der Konzentration von Zeitungen in seinem Haus um einen notwendigen Prozeß, vergleichbar dem Konzentrationsprozeß in der übrigen Wirtschaft, so übersieht er geflissentlich, daß die technischen Vorteile solcher Pressekonzentration auch ohne die Herstellung eines Meinungsmonopols in seinem Hause nutzbar gemacht werden können, mit den Worten des Stuttgarter Rundfunk- und Fernseh-Intendanten Bausch: »Es ist im besten Sinne des Wortes reaktionär, wenn das Grundrecht der freien Meinungsäußerung als Monopol für diejenigen beansprucht wird, deren privates Vermögen auf dem Besitz von Druckmaschinen beruht.«

Es ist Springers überlegene wirtschaftliche Macht, die die deutsche Publizistik zunehmend abriegelt gegenüber kritischen, denkenden, oppositionellen Stimmen. Daß seine Zeitungen die Große Koalition einpeitschten, daß seine Zeitungen die Berliner Bevölkerung und nicht nur diese gegen die Studenten aufhetzten, daß seine Zeitungen größeren Einfluß haben auf die deutschen Arbeiter als deren Gewerkschaften, ist eine Binsenwahrheit, die nur deswegen kaum einen alarmiert, weil der Kontakt zwischen den wenigen, die das begriffen haben, und den anderen, den vielen, die das begreifen könnten, durch eben diese Springerpresse blockiert wird.

Politische Impulse, wie sie von den Studenten am Beispiel des Schah-Besuches ausgingen, am Beispiel der Berliner Ge-

genuniversität, der Vietnamdemonstrationen, der Proteste gegen die Polizei und den Berliner Bürgermeister Albertz, wie sie vom Kongreß *Notstand der Demokratie* ausgingen und von den Notstandsbeschlüssen des Deutschen Gewerkschaftsbundes, erreichen bereits heute nur noch einen kleinen Teil der Öffentlichkeit, einen Ausschnitt der Bevölkerung, haben nur kleine Chancen überhaupt zur Kenntnis genommen zu werden, zur Diskussion gestellt zu werden. Wer einwendet, diese Impulse seien keine, wer einwendet, sie kämen nur von belanglosen Minderheiten (die im DGB vereinten Gewerkschaftsmitglieder sind die größte organisierte Mehrheit, die es überhaupt gibt), Studenten seien faul und die Notstandsgegner Spinner, muß sich die Frage gefallen lassen, wessen Zeitungen er liest.

Die Forderung, Springer zu enteignen, konkret: Die Auflagenhöhe der in einem Konzern erscheinenden Zeitungen auf insgesamt 500 000 zu beschränken, die ausgegliederten Teile des Konzerns zur Neugründung von Zeitungen zu verwenden, zielt freilich auf einen Demokratiebegriff, den Augstein nicht im Sinn und Springer nicht im BILD hat: Er zielt darauf, Meinungs- und Pressefreiheit statt zur Manipulation der öffentlichen Meinung zur Aufhebung der Manipulation zu benutzen; statt Informationen zu lenken und zu blockieren, Informationen zu verbreiten; statt politische Meinung einzupeitschen, kritisches Bewußtsein auszubilden; statt das Volk einzuschläfern, es aufzuwecken; statt es sich verblöden und »rekeln« zu lassen, es zu emanzipieren.

Ein Einzelner – wie Springer – ist schlechterdings überfordert, dergleichen zu leisten, er wäre es auch dann, wenn seine Privatmeinungen – wie in der Antwort an Müller-Marein dargetan – weniger verblasen, pikiert, naiv und gedankenlos wären.

Das Bedürfnis, die Bundesrepublik zu redemokratisieren, ist seit Bildung der Großen Koalition stärker geworden. Der Springerkonzern steht dem im Wege, nicht er allein, aber er mit an erster Stelle. Die Forderung, Springer zu enteignen, ist bereits ein Symptom für ein neu entstehendes demokratisches Bewußtsein. Damit es sich ausbreiten kann, muß Springer enteignet werden.

Nr. 9, 1967

Matthias Walden, William S. Schlamm: reaktionäre, vorzugsweise in Springer-Blättern schreibende Publizisten. – *Lex Springer:* ein u. a. von Rudolf Augstein getragener Vorstoß zu einer Gesetzesinitiative, die der zunehmenden Presse-Konzentration, die vor allem vom Springer-Konzern betrieben wurde (und wird), einen Riegel vorschieben sollte. – *Kongreß ›Notstand der Demokratie‹:* Kongreß Ende Oktober 1966 in Frankfurt gegen die geplanten Notstandsgesetze der Bundesregierung; über 5000 Studenten, Gewerkschafter, SPD-Linke und Intellektuelle nahmen daran teil. – *Josef Müller-Marein:* langjähriger Chefredakteur der Wochenzeitung ›Die Zeit‹.

Vietnam und die Deutschen

Längst ist der Krieg in Vietnam kein konventioneller Krieg mehr. Auch kein begrenzter Krieg, kein lokaler Konflikt zwischen amerikanischen Truppen und Vietkong, kein Weltanschauungskrieg zwischen »Freiheit« und Kommunismus, auch nicht einfach ein Ausfluß amerikanischer »Containment-Politik« gegenüber China. Dieser Konflikt hat sich ausgeweitet zu einem Weltkrieg neuen Typs, der Konflikt ist bereits internationalisiert; die ihn propagandistisch zu verkleinern suchen, zu bagatellisieren, sind eben die, die ihn zu diesem Stand getrieben haben.

Der imperialistische Charakter dieses Krieges als eines Krieges zur Aufrechterhaltung der amerikanischen Vormachtstellung in der Welt, in Asien, Afrika, Europa und Südamerika wird bereits offen zugegeben. Johnson: »Einige Ratgeber benehmen sich, als ob Amerika eine kleine Nation mit wenigen Interessen sei und als ob die Ozeane doppelt so breit seien.« (Neue Zürcher Zeitung, 9. 10.) »Ein kommunistischer Sieg in Südvietnam würde nicht nur ganz Südostasien, sondern auch *lebenswichtige Interessen der Vereinigten Staaten* bedrohen.« (NZZ 1. 10.) Vizepräsident Humphrey: »Die Vereinigten Staaten haben Soldaten in Vietnam stehen, weil die eigene Sicherheit der Vereinigten Staaten auf dem Spiel steht. Der Feind muß wissen, daß wir niemals aufgeben und dort bleiben werden, bis *das Geschäft* erledigt ist.« (NZZ 1. 10.) – Wer dem Krieg in Vietnam Zustimmung und Sympathie nicht verweigert, steht, ob er das will oder nicht, auf der Seite des amerikanischen Hegemoniestrebens in der Welt.

In Saigon wurden im September und Anfang Oktober vier Zeitungen verboten, zwei Tageszeitungen auf unbestimmte Zeit, die liberale Tageszeitung »Saigon Bao« für 30 Tage und eine Ausgabe der amerikanischen Zeitung News Week; sie wurden verboten wegen Beleidigung des Militärregimes und der Streitkräfte. In den USA wurden zur gleichen Zeit Hunderte von Anti-Vietnam-Demonstranten verhaftet. In Saigon, Washington und Berlin wurden Demonstranten mit Wasserwerfern, Gummiknüppeln und Bambusstöcken auseinandergetrieben. Die Gültigkeitserklärung der Wahlen in Südvietnam durch die Nationalversammlung wurde auf Anraten der Polizei in geheimer Abstimmung durchgeführt, nachdem bekannt geworden war, einige Abgeordnete hätten mit General Thieu diniert und dabei 50 Millionen Piaster kassiert. Die Berliner Zeitungen berichteten nach der großen Vietnamdemonstration am 21. Oktober ausführlich über den Dank des neuen Innensenators an die Polizei für gutes Verhalten während der Demonstration, ausführlich auch über die Zusammenstöße von kaum hundert Demonstranten am Abend auf dem Kurfürstendamm mit der Polizei, fast kein Wort aber über den Inhalt der Demonstration von über 10 000 Menschen und die Reden auf der Abschlußkundgebung. – Der Gummiknüppel der Polizei, Verhaftungen, Beschlagnahmungen oder freiwilliges Verschweigen in den Zeitungen – wodurch demokratischer Journalismus zu administrativer Polizeiberichterstattung herabgewürdigt wird – ersetzen in den Demokratien des »freien Westens« zunehmend ebenso wie in Saigon die freie Diskussion, die rationale Auseinandersetzung über den Inhalt der Meinungsverschiedenheiten. –

Wer die Diskussion mit dem Gummiknüppel führt, wer die Berichterstattung über den Inhalt der Meinungsverschiedenheiten verweigert, wer der Bevölkerung die Tatsachen über den Charakter der amerikanischen Kriegsführung in Vietnam vorenthält, so daß die Demonstranten in den Augen der Bevölkerung, der Bild-Zeitungsleser, zu Idioten werden müssen, macht aus der Demokratie einen Polizeistaat, aus Staatsbürgern Befehlsempfänger. Man kann heute schon sagen, daß die Gegner des amerikanischen Krieges in Vietnam nicht deshalb in der Bundesrepublik eine Minderheit sind, weil die Masse der Bevölkerung diesen Krieg befürwortet, sondern weil nur noch einigermaßen ausgebildete Leute, meist Intellektuelle, die Möglichkeit haben, sich ausführlich zu informieren, was bei der Bildungsstruktur der bundesdeutschen Bevölkerung allerdings nur von einer Minderheit geleistet werden kann.

Während General Westmoreland kürzlich erklärte: »Wir werden sie mit unseren ausgeklügelten Waffen, die sie sich nicht leisten können, so lange bearbeiten, bis sie nach *Gnade winseln*«, während amerikanische Militärs in Vietnam die

Freigabe von weiteren 107 Bombenzielen in Nordvietnam fordern, während der Bombenkrieg längst auf die Zivilbevölkerung Nordvietnams übergegriffen hat, werden, wie verlautet, Jagdbomber-Piloten der Bundeswehr in Vietnam ausgebildet, sollen noch in diesem Jahr 40 Hubschrauber der Bundesluftwaffe mit dem entsprechenden fliegerischen Personal in Vietnam eintreffen; sie sollen dort nicht nur ausgebildet werden, sondern auch selbst an Einsätzen zur Unterstützung der kämpfenden US-Truppe in Südvietnam beteiligt werden. Weit über hundert Millionen DM für diesen Krieg, Jagdbomberpiloten, Bundeswehr-Hubschrauber reihen die Bundesrepublik in die kriegführenden Staaten in Vietnam neben den USA, Australien, Neuseeland, Korea ein. Die Frage ist, ob die Opposition in den USA wie in der Bundesrepublik es sich unter diesen Umständen noch leisten kann, daß Johnson von ihr sagt, Meinungsverschiedenheiten dürften nicht mit mangelnder Loyalität, »einige Komitees« nicht mit dem Land, einige Reden nicht mit der offiziellen Politik der Regierung verwechselt werden, Unbehagen nicht mit Untreue, Beunruhigung nicht mit Ablehnung der Politik der Regierung. (NZZ 1. und 2. 10.) Die Frage ist, ob der Protest gegen diesen Krieg sich noch als demokratisches Alibi vereinnahmen lassen darf. Das Sterben von Frauen und Kindern, die Zerstörung von Krankenhäusern und Schulen, die Vernichtung von Ernten und lebenswichtigen Industrien – »bis sie nach Gnade winseln«, »bis das Geschäft erledigt ist« – macht es notwendig, nach der Effizienz oppositioneller Aktionen zu fragen, nach der Effizienz polizeilich erlaubter Demonstrationen, von einer Polizei erlaubt, die das Instrument einer Regierung ist, die Bundeswehrhubschrauber nach Vietnam schickt und die es selbstverständlich nicht zulassen wird, daß diese Demonstrationen die Politik der Regierung tatsächlich stören, wenn nicht gar verhindern.

Wer begriffen hat, was in Vietnam los ist, fängt allmählich an, mit zusammengebissenen Zähnen und einem schlechten Gewissen herumzulaufen; fängt an zu begreifen, daß die eigene Ohnmacht, diesen Krieg zu stoppen, zur Komplizenschaft wird mit denen, die ihn führen; fängt an zu begreifen, daß die Bevölkerung, die diesen Krieg nicht versteht, weil sie nicht über ihn informiert wird, deren Emotionen gegen die

Demonstranten gehetzt werden, mißbraucht wird, entwürdigt, erniedrigt.

In Berlin sind am 21. Oktober Flugblattraketen auf das Gelände der amerikanischen Soldaten geschossen worden, in denen die Soldaten aufgefordert werden, sich nicht nach Vietnam schicken zu lassen, statt dessen zu desertieren. Diese Methode der Agitation ist waghalsig, ihr haftet der Geruch der Illegalität an. Es sind Frauen und Kinder, Ernten und Industrien, es sind Menschen, deren Leben dadurch gerettet werden soll. Die den Mut haben, zu solchen Methoden oppositioneller Arbeit zu greifen, haben offenbar den Willen zur Effizienz. Darüber muß nachgedacht werden.

Nr. 11, 1967

General Thieu: damals südvietnamesischer Regierungschef. – *General Westmoreland:* Befehlshaber der in Vietnam eingesetzten US-Streitkräfte.

Jürgen Bartsch und die Gesellschaft

Im Prozeß Jürgen Bartsch ist alles, alles Erdenkliche geschehen, um den entscheidenden Punkt herauszuhalten, ihn nicht zum Prozeßgegenstand, nicht zum öffentlichen Diskussionsgegenstand werden zu lassen. Man hat ihn in bezug auf das Urteil herausgehalten, in bezug auf die Urteilsfindung und in der Urteilsbegründung – die Sache selbst bestand aus gar nichts anderem: Die Geschichte von Jürgen Bartsch und der Prozeß selbst offenbarten in unheimlicher Anhäufung im Elend dieser Person das Elend der Gesellschaft, in der er gelebt und gemordet hat – in kaum bezeichnetem, selten so kraß sichtbar werdendem Ausmaß. Aber das Gericht hat alles Menschenmögliche getan, um zu verhindern, daß die Verhältnisse, die an Jürgen Bartschs Entwicklung Pate gestanden haben, zum Prozeßgegenstand werden, alles, um die Möglichkeit auszuschließen, daß der Junge sich bessert, aufhört zu morden, sich ändert, und hat damit gleich die andere Möglichkeit ausgeschaltet, daß diese Gesellschaft an diesem Prozeß begreift, daß sie änderungsbedürftig, änderbar ist. Der Gerichtsvorsitzende in seinem Schlußwort: »... und der Herrgott möge Ihnen helfen, daß auch Sie Ihre Triebe beherrschen lernen.« Und der Herrgott möge uns helfen, die Augen zu verschließen vor dem, was in diesem Prozeß über die Änderungsbedürftigkeit der Gesellschaft, in der wir leben, hochgekommen ist.

Mit der Adoption fing es an. Sieben Jahre lang mußten die Eltern Bartsch warten, bis sie ihn adoptieren konnten, wegen der »gewagten Abstammungsverhältnisse«, die darin bestanden, daß der Vater Arbeiter und arm und ein Mann mit Familie war und die Mutter seit Jahren ohne Mann und nachher krank, eine arme Frau. Ein Nazisud von Abstammungslehre spukte da in den Köpfen von Fürsorge und Jugendamt. Daß das Kind schon ein Jahr im Heim gewesen war, das hätte Sorgen machen müssen und zu dem Schluß führen: Schnell adoptieren, schnell klare Verhältnisse, schnell ein gesichertes Nest. Aber der Gerichtsvorsitzende bringt diesen NS-Biologismus selbst noch mal auf, indem er zur Mutter sagt, der Junge sei ja nicht »ihr eigen Fleisch und Blut« gewesen, und der Vater ist ihn bis heute nicht los, wenn er sagt, mit einem eigenen Kind wäre man anders umgegangen, weil kein Mensch ihm rechtzeitig gesagt hat, daß das Erbe egal ist, daß es auf das Milieu ankommt, daß davon und von nichts anderem die Zukunft des Kindes abhängt. Sieben Jahre hat man mit der Adoption gefackelt, das Kind in Unsicherheit gehalten, geglaubt, Adoption sei für das Kind eine Schande, was doch nur sein Glück und für die Eltern weiß Gott ehrenhaft ist.

Doch hat man das Kind ins Heim gegeben, weil die Mutter im Geschäft mitarbeiten mußte, weil der Konkurrenzkampf für einen kleinen Metzger hart ist, weil einer, der was zu essen verkauft, dabei um seine Existenz kämpfen muß. Und sie wußten nur den Heim-Ausweg, weil diese Gesellschaft sich immer noch nicht darauf eingerichtet hat, daß sie zehn Millionen berufstätige Frauen hat, und weit über eine Million berufstätige Mütter mit Kindern unter 14, die sich alle mehr oder weniger mit Notlösungen für ihre Kinder behelfen müssen, die Belastung von Beruf und Familie alleine durchstehen müssen, obwohl ihre Berufstätigkeit gesellschaftlich notwendig ist, aber die Kindergartenplätze sind rar, Ganztagsschule eine Utopie, Halbtagsarbeit kaum realisierbar.

Dann wechselt er das Heim, weil er altersmäßig aus dem ersten Heim herausgewachsen ist, weil Kinderheime in der Bundesrepublik in der überwiegenden Mehrzahl Altersgruppenheime sind, Säuglingsheime, Kleinkinderheime, Schulkinderheime, Lehrlingsheime, weil man Heimkinder, die ohnehin wegen ihrer Herkunft und Zukunft in Angst und Unsicherheiten leben, mit Heimwechseln traktiert, das heißt Wechsel der Freunde, der Erziehungspersonen, der Umgebung. Ein pädagogischer Wahnsinn – jedermann weiß es, aber man ändert es nicht, es fehlt nicht an Einsicht, es fehlt an Geld und Entschlossenheit.

Dann kommt er in eine katholisch-preußische Anstalt, mit 50 Kindern pro Schlafsaal, mit Prügelpädagogik, mit Spaziergängen in Marschkolonnen, mit Aufsicht im Schlafsaal, mit Religion. Und da greift keine Jugendbehörde ein und schließt den Laden und entzieht den Erziehungsberechtigten die Erziehungsberechtigung.

Da läuft er weg und muß wieder hin und läuft wieder weg

und landet auf einer Polizeistation. Polizei als pädagogische Einrichtung. Das paßt zu dem Vater mit dem Feldwebelton, der ja auch fand, Prügel schaden nichts, er solle ja auf das Leben vorbereitet werden. Weil er ein Vater ist, der nie auf das Leben vorbereitet wurde, sondern für den Kasernenhof und den Kasernenhof für das Leben hält. Und weil wir eine Familienpolitik haben, die nichts tut, um die Eltern über Erziehungsfragen aufzuklären, nichts.

Dann liebt er einen Jungen, ja er liebt ihn, und da hat er schon gelernt, daß Homosexualität eine »Schweinerei« ist und daß er nicht lieben darf, so daß Liebe Schuldgefühle in ihm erzeugt, weil eine anachronistische Fortpflanzungsmoral das Beste, was er in sich hat, was es gibt: Liebe als »Schweinerei« deklariert, so daß er sein Bestes für eine »Schweinerei« hält, so daß er es heimlich tun muß, schließlich kaufen muß, weshalb er jetzt wegen »gewerbsmäßiger Unzucht« bestraft wird, von einer Gesellschaft, die Liebe zur Schweinerei gemacht hat, so daß es sie anders als käuflich nicht gibt.

Dann will er reden, sich aussprechen, aber in der katholischen Prügelanstalt war schon Silentium die Hauptsache, und der Vater hört auf der Fahrt zum Schlachthof eine halbe Stunde Radio, und Samstagabend ist Fernsehen, und der Kaplan, dem gegenüber er endlich zu Wort kommt, als schon ein Kind tot ist, der gibt die Rede weiter an den lieben Gott, schweigt, verweigert die menschliche, die einzig mögliche Antwort, daß man sich endlich mit diesem Jungen beschäftigt, und wenn es der Staatsanwalt ist, daß endlich einer sich ihm zuwendet, kapiert, daß das ein Mensch ist, der wie alle anderen ohne Kommunikation nicht leben kann.

Da kommt er in die Metzgerlehre, da flucht der Vater über die Jugendschutzgesetzgebung, die es verhindert, daß Kinder schon 60 Stunden in der Woche arbeiten, holt ihn in den eigenen Laden, läßt ihn 60 Wochenstunden schuften, und kein Gewerbeaufsichtsamt schaltet sich ein, kontrolliert, verbietet das, denn Gewerbeaufsichtsbeamte werden schlecht bezahlt, also leidet man unter Personalmangel, also kann man Gesetzesverletzungen nicht entdecken, also arbeitet Jürgen Bartsch 60 Wochenstunden, also hat er keine Freunde, kein legales Eigenleben, also führt er ein Doppelleben, weil er nicht totzukriegen ist, zählebig, noch nicht aufgegeben hat, obwohl aufgegeben ist, jedenfalls vom zuständigen Gewerbeaufsichtsamt, das die Jugendschutzgesetzgebung ein Papier sein, keine Praxis werden läßt.

Aber die Mutter macht auf den Gerichtsvorsitzenden einen ausgezeichneten Eindruck, weil sie »sauber« und »adrett« ist, und hat ja auch aufgepaßt, daß er immer seine Suppe aß und die Uhr nur sonntags am Arm trug und Pünktlichkeit lernte und sich täglich wusch – hat die Kasernenhoferwartungen des Vaters am Kind durchgeführt, eine Erziehungsmethode, die sich an den Stechuhrbedürfnissen der Industrie orientiert statt an den Bedürfnissen des Kindes, die alles verlangt und wenig zu geben bereit und fähig ist, zu einer Zeit, wo es das Recht des Kindes ist, alles zu verlangen und erst wenig zu geben, wenn es gedeihen soll. Eine unberatene Frau, eine weitverbreitete Erziehungsmethode, nicht auszumalende Kinderleiden erzeugend.

Aber für das Gericht ist der Heimausweg keine Katastrophe, für das Gericht ist Prügelpädagogik kein Prozeßgegenstand, für das Gericht ist eine 60-Stunden-Woche gerade recht, damit er auf keine dummen Gedanken kommt, für das Gericht macht eine Mutter mit Kasernenhoferziehung einen »ausgezeichneten« Eindruck. Und für den Gutachter Bresser ist die Aufforderung, ein Gutachten zu machen, die Aufforderung, sich auf das zu beschränken, was das Gericht vom Gutachten verlangt. Und für den Gutachter Lauber sind Bartschs in die Zellenwand gekritzelte Briefe nur Versuche, Mitleid zu erregen, obwohl sie genau das sind, legitimerweise genau das sind, Signale seiner ungedeckten Bedürfnisse, zu spät eingekritzelt, gewiß, grauenhaft zu spät. Und für den Verteidiger ist der Wille des Angeklagten maßgeblich, des unberatenen, dessen Leben verkorkst ist, der Verteidiger begreift nicht, daß er hier nicht Jürgen Bartsch zu verteidigen hat, sondern Hunderttausende von Kindern, Adoptivkinder, Heimkinder, homosexuelle Kinder, geprügelte Kinder, ausgebeutete Kinder. Er schweigt.

Und der Gerichtsvorsitzende schweigt, als das Publikum im Gerichtssaal auf das Urteil »Lebenslänglich« hin klatscht und Bravo ruft, wo Beifalls- und Mißfallensbekundungen aus gutem Grund sonst gerügt werden, schweigt, wo eine Gesellschaft sich durch ihren Haß auf einen Kindermörder jenes gute Gewissen verschafft, das sie braucht, um zum Kindermorden in Vietnam schweigen zu können und zur Barbarei im Umgang mit Kindern im eigenen Land, in der eigenen Familie. Und keine Zeitung klopft einem Gerichtsvorsitzenden auf die Finger, der den Journalisten erzählt, er brauche zur Beurteilung des Falles »Fingerspitzengefühl«, und dabei würde es ihm helfen, daß er Musik liebt und Klavier spielt. Himmelschreiende Mißstände kamen in Wuppertal zur Sprache, und der Gerichtsvorsitzende holt sich am Klavier die Erleuchtung.

Jürgen Bartschs Leben ist verpfuscht. Aber die Kriminalität, die in Wuppertal Prozeßgegenstand war, geht weiter, die Verhältnisse bleiben dieselben, die Kindermörder und klavierspielende Gerichtsvorsitzende hervorbringt. Es stimmt schon, wenn gesagt wird, der Bartsch-Prozeß sei ein Jahrhundert-Prozeß gewesen. Das Gericht aber und die Presse haben alles getan, ihn nicht dazu werden zu lassen. Die Kriminalität geht weiter.

Nr. 1, 1968

Jürgen Bartsch tötete von 1962 bis 1966 vier Jungen; nach einem langen Prozeß wurde er 1968 zu lebenslänglicher Haft verurteilt. Um auch nur eine kleine Chance zu haben, wieder in Freiheit zu kommen, ließ er sich im April 1976 kastrieren – und starb an den Folgen des Eingriffs.

Falsches Bewußtsein

> Insgesamt liegt der Unterschied der Geschlechter auf einem anderen Feld als die künstlichen Unterschiede, welche die Klassengesellschaft produziert hat; so verschwindet er mit dieser nicht.
>
> Ernst Bloch

> Wohl produziert der Kapitalismus Wohlstand – Glück und Freiheit für alle nicht.
>
> Herbert Marcuse

1. Versuch, Begriffe zu klären

Sie erlangten das Wahlrecht, als mit dem Stimmzettel keine gesellschaftliche Veränderung mehr zu bewirken war.

Zum Studium an den Universitäten wurden sie zugelassen, als statt Rationalität und Analyse ›Erlebnis‹ und ›Verstehen‹ (Dilthey) bis hin zum ›liebenden Verstehen‹ (Bollnow) zur Methode der Geisteswissenschaften wurde, kritisches Bewußtsein als Bildungsziel von irrationaler Weltanschauung abgelöst wurde. Georg Lukács beschreibt diese ›bestimmte philosophische Atmosphäre‹ um die Jahrhundertwende als ›ein Zersetzen des Vertrauens zu Verstand und Vernunft, eine Zerstörung des Glaubens an den Fortschritt, eine Leichtgläubigkeit gegenüber Irrationalismus, Mythos und Mystik‹.[1] Indem die den Frauen nachgesagte »Logik des Herzens‹, die eben gerade keine ist[2], zum Wissenschaftsprinzip wurde und ›Intuition‹ zum Erkenntnisorgan, konnte der Weg der Mädchen zur Universität sie nicht mehr aus der Irrationalität bürgerlicher Weltvorstellung befreien, er bestätigte und verfestigte sie vielmehr[3]. Die Emanzipationsbestrebungen der Frauen, die mit denen des Proletariats ursächlich zusammenhingen, auch mit ihnen aufgekommen waren, wurden nun durch die Zulassung der Frauen zu einem Wissenschaftsapparat befriedigt, der zunehmend auf die Bekämpfung der Emanzipation der Arbeiterschaft ausgerichtet wurde[4] und damit auch gegen die Emanzipation der Frau.

Aus der Emanzipationsforderung ist der Gleichberechtigungsanspruch geworden. Emanzipation bedeutete Befreiung durch Änderung der gesellschaftlichen Verhältnisse, Aufhebung der hierarchischen Gesellschaftsstruktur zugunsten einer demokratischen: Aufhebung der Trennung von Kapital und Arbeit durch Vergesellschaftung der Produktionsmittel, Beseitigung von *Herrschaft und Knechtschaft* als Strukturmerkmal der Gesellschaft.

Der Gleichberechtigungsanspruch stellt die gesellschaftlichen Voraussetzungen der Ungleichheit zwischen den Menschen nicht mehr in Frage, im Gegenteil, er verlangt nur die konsequente Anwendung der Ungerechtigkeit, Gleichheit in der Ungleichheit: Die Gleichberechtigung der Arbeiterin mit dem Arbeiter, der Angestellten mit dem Angestellten, der Beamtin mit dem Beamten, der Redakteurin mit dem Redakteur, der Abgeordneten mit dem Abgeordneten, der Unternehmerin mit dem Unternehmer. Und tatsächlich beschäftigt dieser Gleichberechtigungsanspruch heute noch jeden gewerkschaftlichen Frauenkongreß und jede Unternehmerinnentagung, weil er sich erst juristisch, nicht aber praktisch durchgesetzt hat. Es scheint, als hätte eine ungerechte Welt noch Schwierigkeiten, wenigstens ihre Ungerechtigkeiten gerecht zu verteilen.

Die Umwandlung einer sozialistischen Emanzipationsforderung in einen sozialdemokratischen Gleichberechtigungsanspruch schließt die üblich gewordene Verwechslung von Emanzipation und Berufstätigkeit ein, wie sie ja auch der Titel dieses Buches (Emanzipation und Ehe) nahelegt. Emanzipation war eine Forderung an Staat und Gesellschaft, im einzelnen richtete sie sich gegen den Unternehmer; die Forderung danach nahm Bezug auf die soziale Stellung von Sprecher und Adressat. Gleichberechtigung dagegen wird pauschal gegen die Männer erkämpft. Berufstätigkeit gibt dabei der Frau tatsächlich eine partielle Unabhängigkeit von dem für sie wichtigsten Mann, in seiner Eigenschaft als solchem, beziehungsweise von dem bewilligten Wirtschaftsgeld – warum sollte der Prozeß der Verdinglichung auch vor der Ehe halt machen? –, erlaubt ihr auch, als selbständiger Konsument aufzutreten. In einer Welt, in der der Wert des Menschen an seinem Einkommen gemessen wird, ist diese Konsumenten-Selbständigkeit naturgemäß die höchste; mit Recht hält man von diesem Standpunkt aus die berufstätige Frau für emanzipiert. Indem sie den Arbeitskräftebedarf von Wirtschaft und Administration erfüllt und zugleich ihr Scherflein zur Zirkulation von Produktion und Verbrauch beiträgt, sich also systemkonform und angepaßt verhält, verhält sie sich richtig. Kurzgeschlossen: Wenn Emanzipation ein Wert ist und Berufstätigkeit richtiges Verhalten, ist Berufstätigkeit Emanzipation. Gleichberechtigung bezeichnet in diesem System nur einen quantitativen Nachholbedarf, »gut Ding braucht Weile«.

Die Frauenfrage als Bestandteil der sozialen Frage ist damit natürlich nicht gelöst, die Frage nicht: ob die Segnungen des technischen Fortschritts und der Industrialisierung allen Menschen zugute kommen sollen – einschließlich den Frauen – oder nur wenigen; ob sie eingesetzt werden sollen, um die Menschen von der Beschaffung ihres täglichen Bedarfs an Nahrung und Kleidung zu entlasten oder um einigen wenigen Macht, Luxus und gute Geschäfte zu verschaffen. – Wie wenig Gleichberechtigung für sich mit Demokratie, Emanzipation, Mündigkeit zu tun hat, ist nicht zuletzt daran abzulesen, daß die Fortschritte, die seit 1949 in Punkto Gleichberechtigung gemacht worden sind – insbesondere gesetzlich[5] und lohnpolitisch[6] – nichts, aber auch gar nichts zur Demokratisierung und Politisierung der Frauen beigetragen haben: Sie wählen nach wie vor konservativ, und die Notstandsgesetze stehen vor der Tür. Reduziert auf die Formel der Gleichberechtigung tragen Auseinandersetzung und Diskussion über die Frauenfrage nicht dazu bei, das Bewußtsein der Menschen zu verändern, oder gar die Machtverhältnisse, von denen sie beherrscht werden.

Das Gelächter, das alleweil ausbricht, wenn über die Gleichberechtigung der Frau diskutiert werden soll – zum Beispiel auf Gewerkschaftskongressen – drückt Unsicherheit dieser Sache gegenüber aus, ist auch taktlos und unsolidarisch gegenüber den Erfahrungen und den Gefühlen der Frauen und ist doch vor allem das berechtigte Gelächter über den Kampf Don Quichotes mit den Windmühlenflügeln, muß es sein, solange der Ärger mit der Gleichberechtigung nicht von den Betroffenen als taktischer Schritt im Stufenplan einer Emanzipationsbewegung konzipiert wird.

Gleichberechtigung, soweit sie ohne Eingriffe in die Gesellschaftsstruktur gewährt werden konnte, haben die Frauen von heute. Eherechtlich, vermögensrechtlich, scheidungsrechtlich sind sie gleichberechtigt. Lohnpolitisch sind sie es nicht. Weil dieser Fall eine Mehrheit der berufstätigen Frauen betrifft und für eine überwältigende Mehrheit der Männer die wichtigste Anschauung von weiblicher Gleichberechtigung und weiblichem Wesen im Beruf ist, lohnt die Rede davon.

Der niedrigste tarifliche Stundenverdienst für Männer innerhalb der verschiedenen Wirtschaftszweige lag 1964 immer noch höher als der höchste Stundenverdienst für Frauen. Der niedrigste tarifliche Stundenverdienst für Männer wurde 1964 in der Säge- und Holzbearbeitungsindustrie gezahlt und betrug DM 3,54. Der höchste tarifliche Grundlohn für Frauen wurde in der Steine- und Erden-Industrie gezahlt und betrug DM 3,17[7]. 1964 betrugen die durchschnittlichen Löhne der weiblichen Arbeiter DM 2,89, der Männer DM 4,28. 33,8 Prozent der Arbeitnehmerschaft sind Frauen. Sie erhalten nur 24,2 Prozent der Löhne, die der Arbeitnehmerschaft gezahlt werden[8]. 80 Prozent der in der Bekleidungsindustrie beschäftigten Arbeitnehmer sind Frauen. Der Durchschnittsverdienst der Frauen in der Bekleidungsindustrie liegt an der 42., der vorletzten Stelle der in der Bundesrepublik gezahlten Löhne. Die Gewinne der Bekleidungsindustrie liegen an 9. Stelle.

1955 wurde durch Bundesarbeitsgerichtsurteil bestimmt, daß der Gleichberechtigungsgrundsatz des Grundgesetzes auch den Grundsatz der Lohngleichheit von Mann und Frau bei gleicher Arbeit umfaßt[9]. Frauenlohngruppen und Frauenabschlagsklauseln, die für gleiche Arbeit und gleiche Leistung den Frauen 20 bis 30 Prozent weniger Lohn zugestanden, wurden für grundgesetzwidrig erklärt, mußten abgebaut werden, verschwanden aus den Tarifverträgen. Aber sie wurden nicht – was das nächstliegende und gerecht gewesen wäre – ersatzlos gestrichen. Man hat neue Lohngruppensysteme geschaffen, in denen die Tätigkeitsgruppen neu beschrieben wurden, dabei die unteren so, daß sie nur auf Frauenarbeit angewendet werden können, nur Frauen sie auf sich beziehen können. Tariflich nennt man sie *Leichtlohngruppen* oder einfach untere Lohngruppen, in der betrieblichen Praxis wahrheitsgemäß, selbstverständlich heute noch *Frauenlohngruppen.* So heißt es zum Beispiel im *Lohnrahmentarifvertrag für die gewerblichen Arbeitnehmer der Metallindustrie in Hamburg und Umgebung, gültig vom 1. Januar 1966 an* für die Lohngruppen 1 bis 3: »Arbeiten einfacher Art, die ... mit *geringen* körperlichen Belastungen verbunden sind« (Hervorhebung vom Verf.); erst in Tätigkeitsgruppe 3 b heißt der Relativsatz: »... die mit *normalen* körperlichen Belastungen verbunden sind.« Für 1 werden im Zeitlohn DM 2,45 gezahlt, für 3 b DM 2,80. *Geringe körperliche Belastung* steht für Frauenlöhne, *normale* für Männerlöhne. Formalrechtlich ist damit die Diskriminierung der Frauen aus den Tarifverträgen verschwunden, praktisch nicht.

Realistisch schätzen die beiden Hauptvorstands-IG-Metaller Olaf Radke und Wilhelm Rathert die Mißerfolge gewerkschaftlicher Frauenlohnpolitik ein: »Den Gewerkschaften ist es nicht gelungen, ersatzlos die Frauenlohnabschlagsklauseln oder gesonderte Frauenlohngruppen in den Tarifverträgen zu beseitigen.« Wie Radke/Rathert feststellen, hätte die ersatzlose Streichung den Frauen eine Lohnerhöhung bis zu 25 Prozent gebracht. »Für die Unternehmen wäre dabei eine Erhöhung des Lohnkostenanteils vom Umsatzwert von maximal 5 Prozent entstanden.«[10]

Die Durchsetzung des Gleichberechtigungsanspruchs – mit anderen Worten – ist im Bereich der Löhne nicht ohne Eingriff in die bereits bestehende Wohlstandsverteilung möglich, kann von einer ›indexgebundenen Lohnpolitik‹ der Gewerkschaften nicht erkämpft werden. Eine Lohnpolitik, die am gesamtwirtschaftlichen Produktivitätswachstum orientiert ist und darauf verzichtet, ›eine Umverteilung des Volkseinkommens und damit eine Veränderung der Machtpositionen und der gesellschaftlichen Ordnung‹[11] zu erstreben, kann den Gleichberechtigungsanspruch der Frauen nicht durchsetzen. Er würde den Lohnkostenanteil am Umsatz erhöhen, einen Eingriff also in den ›Status quo der Verteilung‹[12] darstellen, den Status quo der gesellschaftlichen Verhältnisse, keinen tiefen, aber vielleicht einen exemplarischen.

In diesem Zusammenhang ist die Bemerkung von Radke/Rathert »Die Arbeitgeberverbände haben sich prinzipiell gegen die ersatzlose Streichung der diskriminierenden Frauenlohngruppen gewandt« nur scheinbar eine enragierte, kämpferische Beschuldigung, tatsächlich aber das Eingeständnis, auf eine eigene, arbeitgeberunabhängige Gewerkschaftspolitik verzichtet zu haben, darauf, die gesellschaftlichen Verhältnisse zum Zweck der Vermenschlichung zu verändern. Olaf Radke muß sich seine eigene, andernorts gestellte Frage zurückgeben lassen: Hat solche Gewerkschaftspolitik »Bestand im Rahmen des durch das Grundgesetz bestimmten relativen Freiheitsraumes, in dem das Recht der Wahrung der Interessen, als zur menschlichen Würde und zur Entfaltung der Persönlichkeit gehörend, der Staatsraison selbstverständlich voran geht?«[13]

Nirgends wird so deutlich wie an den Löhnen, daß es Gleichberechtigung ohne Emanzipationskampf nicht geben kann, daß die Umwandlung der Emanzipationsforderung in einen Gleichberechtigungsanspruch nur für die Frauen der weniger abhängigen Schichten ein paar formale Vorteile bringt, insgesamt aber einem Verzicht auf die Durchsetzung des Gleichberechtigungsanspruchs selbst gleichkommt.

Die relativ schlechtere Entlohnung von Frauenarbeit schließt eine Minderbewertung ihrer Arbeit und Leistungsfähigkeit ein. Diese Geringschätzung, die noch in lobenden Bemerkungen wie ›tüchtige Frau‹ oder ›intelligente Frau‹ oder ›tapfere Frau‹ als Negation des Nomalen mitschwingt, muß als Ursache und Folge zugleich der schlechteren Bezahlung diagnostiziert werden. Schon 1889 machte Clara Zetkin für die Minderbezahlung von Frauenarbeit die Geringschätzung der Hausarbeit verantwortlich: »Ursache davon war das geringe Ansehen, in welchem die bisherige nicht-verdienende Tätigkeit der Frau stand und stehen mußte, seitdem deren Produkte im Verhältnis zu den mechanisch produzierten Erzeugnissen der Großindustrie nur ein geringes Quantum gesellschaftlicher Durchschnittsarbeit repräsentierten und damit den Trugschluß auf die geringe Leistungsfähigkeit der weiblichen Arbeitskraft zuließen.«[14] In den Löhnen wurde diese Geringschätzung konserviert und hat sich bis heute gehalten. Sachlich, das heißt, durch vergleichende Beschreibung vergleichbarer Arbeitsplätze von Männern und Frauen ist sie nicht zu halten. So werden beispielsweise in einem Automobilwerk die Frauen, die Türen polieren, schlechter bezahlt als die Männer, die Dächer polieren; Arbeitgeberbegründung: Das Dachpolieren erfordere einen anderen Druck als das Türenpolieren. So werden in einer Gießerei die Männer, die Kernteile anstreichen, nach Lohngruppe 4 bezahlt, weil in Gießereien keine Frauen beschäftigt werden, die für dieselbe Arbeit nur nach Lohngruppe 2 oder 3 bezahlt würden; Arbeitgeberbegründung: Männer können ja schließlich nicht nach Frauenlohngruppen bezahlt werden. Bei diesen etwas extremen Beispielen wird der Grundsatz *Gleicher Lohn für gleiche Arbeit* verletzt. Aber es wäre ein leichtes, mit Mitteln der Anschauung (Film) und der Arbeitsplatzanalyse zu beweisen, daß unzählige Arbeitsplätze von Männern nicht mehr Kraft und nicht mehr Geschick erfordern als von Frauen verlangt wird, wohl aber lohngruppenmäßig höher bewertet werden; und zwar nicht unbedingt durch Verletzung der Tarifverträge, sondern bereits durch einseitige Tätigkeitsbeschreibungen in den Tarifverträgen selbst.

Die Sache hat weittragende Folgen. Die Rechtfertigung schlechter Bezahlung durch Geringschätzung von Frauenarbeit führte zu einer Minderbewertung auch der weiblichen Persönlichkeit, hatte eine Verschiebung hinsichtlich des für Männer und Frauen menschlich Zumutbaren zur Folge. Millionen von Frauen sitzen heute in der Industrie an Arbeitsplätzen, deren Arbeitsinhalt auf Sekunden und Bruchteile von Sekunden hin rationalisiert ist; ihre gesamte Tätigkeit ist auf die tausendfache Wiederholung weniger Handgriffe, kleinster Hand- und Fuß-Bewegungen reduziert. Es wird behauptet, Frauen seien weniger monotonieanfällig als Männer, das sei »psychologisch aus typisch weiblichen Verhaltensweisen« zu erklären, wie Passivität, Neigung zum Träumen, Personenbezogenheit, Neigung zum *Mit-sich-geschehen-lassen.*[15] (Man muß das mal gesehen haben, wie an einem taktgebundenen Band den Frauen das Werkstück immer wieder durch Ruck und Tempo aus den Händen gestoßen wird, wenn sie nicht schnell genug arbeiten, um den Zynismus des *Mit-sich-geschehen-lassens* nachempfinden zu können). Die Folge dieserart monotoner, oft gehetzter Tätigkeit ist auf seiten der

Frauen: Verdummung, Abstumpfung, nervliche Überbelastung, Krankheit; auf der Bundesfrauenkonferenz des DGB 1955 wurde gesagt: »Frauen, die zehn Jahre am Fließband sitzen, sind nicht mehr wert, geheiratet zu werden.«[16] Die Bänder sind seitdem nicht langsamer geworden, die Ausnutzung der Arbeitskraft eher intensiver.

Das wird für zumutbar gehalten, obwohl bereits Meinungen von Fachleuten kursieren wie: Ein Arbeitsinhalt dürfe nicht weniger als eine Minute verbrauchen, sollen nicht Seele und Gesundheit der Arbeitskraft gefährdet werden.[17] Es wird für zumutbar gehalten, weil man Frauen infolge schlechter Bezahlung für minderwertig – *weniger monotonieanfällig*[18] – hält, weil man das, was auf seiten der Frauen dabei herauskommt, als die Natur der Frauen ausgibt: die intellektuelle Beschränktheit. Helga Läge sehr richtig: »Fehlt es dann auch in der Freizeit an geistigen Anregungen, wie dies nicht selten der Fall ist, so können solche Menschen mit der Zeit abstumpfen; ihre Erlebnisfähigkeit verengt sich dann derart, daß sie die Monotonie ihrer Arbeit nicht mehr spüren.«[19]

Das wird für zumutbar gehalten – und indem wir das hier beschreiben, wird sich daran nicht das geringste ändern – weil die billigere Arbeitskraft der Frauen den Betrieben Wirtschaftlichkeitsrechnungen von weittragender Nützlichkeit erlaubt. Die gemeinten Arbeitsplätze sind meist hoch mechanisiert, technisch voll automationsreif[20]. Aus Wirtschaftlichkeitserwägungen werden sie nicht automatisiert, weil eine Frau leichter als eine Maschine umgestellt oder stillgelegt – eben entlassen – werden kann, wenn der Absatz nachläßt, wenn neue Modelle auf den Markt sollen. Weil Frauen billiger sind als Maschinen. Sie sind billiger als Maschinen nicht zuletzt deshalb, weil sie schlechter bezahlt werden als Männer, nicht gleichberechtigt sind. (Der Verlust an Arbeitsplätzen durch Automation wäre doch wohl durch Arbeitszeitverkürzungen zu kompensieren, wenn man sich einmal entschlossen und die Voraussetzungen dazu geschaffen hätte, die Produktivität in den Dienst der Menschen zu stellen und nicht mehr den Menschen in den Dienst der Produktivität – vgl. Anm. 11).

Gleichberechtigungspolitik ohne Emanzipationsforderung, ohne den Willen, die Ursachen der Ungleichheit in den kapitalistischen Produktionsbedingungen zu erkennen und zu beseitigen, schließt den Zwang ein, die Gleichheit, auf die sich der Gleichberechtigungsanspruch gründet, dauernd zu beweisen, der oberflächlichen These, der die Ideologie des Profits aus allen Knopflöchern lugt – Frauen sind nun mal anders, anders als Männer – entgegenzutreten. (Gewiß sind sie anders, aber nicht bezüglich ihrer Leistungsfähigkeit in einer Industrie, deren Technisierungsstand Körperkraft zunehmend überflüssig macht.) Der Beweis kann so lange nicht geführt werden – nicht überzeugend, nicht evident – als die Lebens- und Arbeitsbedingungen, die die Dummheit der Frauen erzeugen, nicht beseitigt sind, nicht wenigstens bekämpft werden. Die paar begabten Frauen, die man so kennt, nützen nichts, sie sind ebensogut Ausnahmen, fühlen sich auch als solche.

9,7 Millionen Frauen in der Bundesrepublik sind erwerbstätig. 70 Prozent dieser Frauen sind Arbeitnehmer, davon 3 Millionen Angestellte, 3 1/2 Millionen Arbeiterinnen. 60 Prozent der Arbeiterinnen arbeiten im Akkord. 45 Prozent aller Arbeiterinnen sind ungelernte Kräfte, 46 Prozent sind angelernte Kräfte, 9 Prozent Facharbeiterinnen. – Zahlen, die einen Geschmack davon geben, wieviele es sind, auf die das Gesagte unvermittelt zutrifft.

3. Falsches Bewußtsein

Warum wehren sich die Arbeiterinnen und die – durch die zunehmende Mechanisierung der Büros – gleichfalls betroffenen Angestellten nicht, wenn ihre Lage so menschenunwürdig und so weit von Gleichberechtigung entfernt ist? Wo bleibt der Protest, wenn nicht der abgestumpften, mürben Betroffenen, dann wenigstens der Gewerkschaften und vielleicht auch der studierten, gebildeten Frauen – aus Solidarität?

Zweite Frage: Hat die Lage der Arbeiterinnen etwas mit den Minderwertigkeitskomplexen der gebildeten und Mittelstandsfrauen zu tun und der oft so erstaunlichen geistigen Enge der Ehefrauen von Politikern und andern Gesellschaftsinhabern in Führungspositionen von Bürokratie und Wirtschaft? Antworten sollen versucht werden.

Die Frauen sitzen in einer Klemme, in der Klemme zwischen Erwerbstätigkeit und Familie, genauer: Kindern – vorhandenen, zu erwartenden, gehabten.

Der in längst langweilig gewordener Wiederholung beschworene Wandel der Stellung und Lebenslage der Frau ist – darüber sind sich Klein/Myrdal bis Elisabeth Pfeil einig – eine Folge der Industrialisierung, von technischem und wissenschaftlichem Fortschritt. Die Lebenserwartung in der industrialisierten reichen Welt hat sich in den letzten 150 Jahren ungefähr verdoppelt, Probleme wie Mütter- und Säuglingssterblichkeit sind im Vergleich zu den armen Ländern (in Persien 50 Prozent) annähernd gelöst. Gleichzeitig wandelte sich die gesellschaftliche Stellung der Hausfrau.

Clara Zetkin (1889): »Das Ansehen, welches der guten Hausfrau trotz ihrer öffentlichen rechtlosen Stellung gezollt wurde, erklärt sich... aus wirtschaftlichen Gründen und war durchaus gerechtfertigt; es galt nicht der Frau als solcher, sondern der hervorragenden, unentbehrlichen Arbeitskraft in der Familie, welche Güter erzeugte, die von andern Kräften damals nicht erzeugt werden konnten... Die bescheidene Rolle der Hausfrau von ehemals war durch das Vorhandensein der alten wirtschaftlichen Lebensbedingungen gerechtfertigt, die Rolle der Hausfrau von heute ist längst zu einem wirtschaftlichen Anachronismus geworden, dem jede Berechtigung fehlt.«[21] (Der Widerstand und das Unbehagen, das gegenwärtig gegen Pläne, die Hausfrau zu bezahlen, ihre Tätigkeit als Beruf zu qualifizieren, zu beobachten ist, dürfte seine Ursachen in den Beobachtungen haben, die Clara Zetkin schon vor 70 Jahren machte: daß Hausarbeit keine produktive Arbeit ist, keinen Mehrwert erzeugt, nur das wiederherstellt, was verbraucht und benutzt wird – also nur reproduktiv ist –, wobei heute hinzukommt, daß nicht einmal das mehr eine ganze Arbeitskraft erfordert, weil dank der Mechanisierung des Haushalts ein Bruchteil der früher benötigten Zeit erforderlich ist. Daß durch Bedürfniserzeugung zum Zweck der Umsatzsteigerung neue Belastungen für die Hausfrau entstanden sind, wäre ein Kapitel für sich).

Haushalt bedeutet Isolierung – »über das Fleisch, das euch

in der Küche fehlt / Wird nicht in der Küche entschieden.« (Brecht) – Hausarbeit im Haus hat keinen Bezug mehr zu gesellschaftlichen Prozessen, hauptsächlich wird sie durch die Herstellung der Artikel des täglichen Bedarfs in der Industrie von Frauen erledigt.

So ist die Unvereinbarkeit von Hausarbeit und Kinderbetreuung entstanden. Auf die Erwerbstätigkeit der Frauen kann beim gegenwärtigen Stand der Industrialisierung nicht mehr verzichtet werden. Was dabei mit den Kindern geschehen soll, ist ein noch ganz und gar ungelöstes Problem. Dabei kann überhaupt nicht ehrlich darüber diskutiert werden, ob außerhäusliche Erwerbstätigkeit und Kleinkinderbetreuung vereinbar sind – sie sind es nicht. Selbst Omas und nette Nachbarinnen sind nur ein unzulänglicher Ersatz für die Mutter als ausschließliche Bezugsperson. Das ist in zahllosen Untersuchungen und Veröffentlichungen nachgewiesen worden, müßig, darüber noch zu streiten.

Das Problem ist so wenig gelöst, daß die schon gemachten Lösungsvorschläge nur wiederholt werden können; fast noch nichts ist erprobt; wenn eines Tages mit Lösungen angefangen wird, wird man vermutlich sehr schnell zu ganz anderen Ansichten kommen. Das augenscheinlich Notwendige wäre: Freistellung der Mütter kleiner Kinder von außerhäuslicher Berufstätigkeit für ein paar Jahre und dann Kindergärten; Teilzeitarbeit für den Übergang, absolut erstrebenswert ist sie nicht – fördert sie doch die Diskriminierung der Frauen, nicht ihr Ansehen; Nachbarschaftshilfe, berufliche Übergangshilfen. Über solche Dinge wird auch gesprochen, realisiert ist zu wenig davon, die Verantwortlichen sind noch nicht benannt, die Zusammenhänge nicht diskutiert.

Gewiß ist eins: Die durch die veränderte Stellung der Frau entstandenen Probleme hinsichtlich der Familie und der Kinder können nicht von den Frauen allein gelöst werden, dafür muß die Öffentlichkeit, die Gesellschaft einstehen. Noch tut sie es nicht. Laut Frauenbericht müßte allein der Bestand an Kindergärten um wenigstens ein Drittel erhöht werden – eine Zahl, die vermutlich nur auf die Spitze des Eisberges, des Bedarfs, Bezug nimmt, während die unzähligen Notlösungen der Mütter nicht als Bedarf rechnen.

Statt den Frauen bei der Lösung des Problems zu helfen,

kritisiert man sie seit über hundert Jahren. *Mütterarbeit* ist das Stich- und Schimpfwort. Ihr eigenes Versagen hat die Gesellschaft mit dem Angriff auf die Mütter kompensiert, den Anspruch so gar nicht erst anerkannt, ihn an die Mütter zurückgegeben.

Der Angriff erfolgte auf zwei Ebenen: Erstens – man hat, seitdem es Mütterarbeit gibt, die unglaublichsten Verleumdungen gegen diese Frauen verbreitet: Man hat gesagt, es gäbe in der Bundesrepublik 3 Millionen Schlüsselkinder; man weiß inzwischen, daß höchstens drei bis vier Prozent der noch nicht zehnjährigen Kinder erwerbstätiger Mütter unvollkommen betreut sind. Eine steigende Jugendkriminalität sei die Folge von Müttererwerbstätigkeit; Statistiken zeigen, daß Kinder erwerbstätiger Mütter nicht häufiger straffällig werden als andere. Die Ehen litten unter der Berufstätigkeit der Frauen – als erwiesen kann gelten, daß Ehen, in denen die Frau erwerbstätig ist, seltener geschieden werden. Durch die Einrichtung von mehr Kindergärten würden noch mehr Frauen erwerbstätig – der Frauenbericht der Bundesregierung dementiert das. Aus Luxusbedürfnis gingen die Frauen arbeiten – der DGB legte inzwischen Untersuchungen vor, aus denen ersichtlich ist, daß das Einkommen des Ehemannes der meisten erwerbstätigen Mütter unter dem statistisch ermittelten Existenzbedarf liegt.

Die Verleumdungen sind widerlegt, aber demoskopische Umfragen zeigen, daß davon allerhand hängen geblieben sein muß: Die große Mehrheit der Bevölkerung lehnt Ehefrauen- und Mütterarbeit[22] um der Kinder willen ab. So werden die Frauen mit ihren Kindern erpreßt, und das dürfte das Menschliche an ihnen sein, daß sie sich mit ihren Kindern erpressen lassen, daß sie die Forderung, primär für ihre Kinder dazusein, selbstverständlich akzeptieren. Widersprüchlich verhalten sich die, die den Frauen – angeblich aus Sorge um die kleinen Kinder – Vorhaltungen machen, auf sie einreden: Kirchen, Parteien, Parlamentarier. Die gleiche, angeblich um die Kinder so besorgte Gesellschaft hat es bis heute nicht fertiggebracht, ausreichende Kindergartenplätze zur Verfügung zu stellen. Ihre Kinderheime sind Stätten der Kälte und Einsamkeit, ihre Schulen unzulänglich ausgestattet, Kinder aus sozial randständigen Familien werden nicht einmal in Schulkindergärten erfaßt, sie kommen stattdessen auf die Hilfsschule, wenn es zu spät ist, es fehlt an Spielplätzen, der Mutterschutz ist mehr als kleinlich bemessen. Die Schärfe, mit der auf Mütterarbeit geschossen wird – manche wollen sie sogar gesetzlich verbieten[23] –, steht im Gegensatz zu dem, was sonst für die Kinder getan wird. Das chronisch schlechte Gewissen, das man den berufstätigen Müttern gemacht hat, die sich für ihre Kinder abrackern, stünde Staat und Gesellschaft, Parteien, Kirchen, Parlamentariern, sehr viel besser an als den Frauen.

Zweitens: Man hat erstaunliche Anstrengungen gemacht, um zu beweisen, daß das Wesen der Frau auf Mutterschaft hin angelegt sei, das ihre höchste Bestimmung, auch die Erfüllung ihres Lebens, ihr *eigentlicher* Lebensinhalt sei. Von Betty Friedan und Simone de Beauvoir und ein paar Einzelnen abgesehen kann bei einigermaßen gründlicher Kenntnis der neueren Frauenliteratur gesagt werden, daß nahezu keine Veröffentlichung die Beteuerung ausläßt, daß die Frau – mit den Worten des Frauenberichtes der Bundesregierung: »nach ihrer körperlichen und geistig seelischen Beschaffenheit auf die Mutterschaft hin angelegt ist.« Alexander Mitscherlich: »Die Idealisierung der Mutterrolle in den Tabus der Gesellschaft weist darauf hin, daß die Mutter/Kind-Beziehung für die Arterhaltung durch soziale Regeln intensiv gesichert werden muß, außerdem, daß diese Sicherungen oft nicht genügen und vom Ideal die Mängel verdeckt werden müssen.«[24]

Zu den tatsächlichen Schwierigkeiten der arbeitenden Frauen kommt also die Ideologisierung ihrer Mutterrolle als Belastung hinzu. Sie wird verarbeitet, indem die Mehrzahl der berufstätigen Frauen ihr Leben nach dem gleichen, unrealistischen Schema planten: Sie halten ihre Erwerbstätigkeit nur für vorübergehend, für befristet; sie behaupten und sind davon auch selbst überzeugt, nur um der Familie, der Kinder willen erwerbstätig zu sein. Das gilt für die Ledigen wie für die Verheirateten, nur die Geschiedenen bilden da eine Ausnahme.[25] Elisabeth Pfeil hat aber nachgewiesen, daß die familienbezogenen Motive für die Erwerbstätigkeit einem Wandel unterworfen sind – erst arbeitet man etwa für die Wohnungseinrichtung, dann für das Haus, dann für die Ausbildung der Kinder – daß dieses Schema also in der Regel nicht eingehalten wird, die Erwerbstätigkeit viel mehr Jahre dauert als vorgesehen.[26] Tatsächlich passen die Frauen die Dauer ihrer Erwerbstätigkeit durchaus dem Arbeitskräftebedarf der Industrie an. Sie glauben, für ihre Familie tätig zu sein und wissen nicht, daß sie ganz anderen Gesetzen folgen.

Wie aber soll eine Arbeiterin um bessere Löhne und Arbeitsbedingungen kämpfen, wenn sie ihre Berufstätigkeit für eine Verfehlung ihrer wahren Bestimmung halten muß und sie außerdem für vorübergehend hält, sich von eventuellen Verbesserungen also für sich selbst nichts versprechen kann? Wenn zur Demütigung durch schlechtere Löhne noch die Verdächtigungen hinzu kommen, sie verhielte sich falsch, wesensmäßig falsch, gesellschaftlich falsch? Sie sitzt in der Klemme. Im Haus, wo sie hingehört, kann sie nicht kämpfen, im Betrieb, wo sie kämpfen müßte, ist sie fehl am Platz. Im Haus sind die Kinder oder kommen, im Betrieb ist die Arbeit. Was anderes soll sie tun, als sich abrackern? »Nachzudenken, woher sie kommen und Wohin sie gehen, sind sie an den schönen Abenden zu erschöpft.« (Brecht).

Wie sollen Gewerkschaften Krach schlagen, wenn sie im Gefolge der Sozialdemokratie auf Emanzipationskampf für beide, Männer und Frauen, zugunsten eines formalen Gleichberechtigungsanspruchs verzichtet haben? Wie soll in den Gewerkschaften Solidarität mit den Frauen praktiziert werden, wenn nicht mehr die Veränderung der gesellschaftlichen Verhältnisse, die Befreiung der Arbeiterschaft aus dem Mechanismus von Herrschaft und Knechtschaft, die Aufhebung des Gegensatzes von Kapital und Arbeit das Ziel ist, ohne das Gleichberechtigung nicht möglich ist? Wenn die Unterdrückung der Frauen nicht mehr als Bestandteil der Unterdrückung aller begriffen wird, ihre Gleichberechtigung als Schritt zur Befreiung aller?

Die studierten, besser gestellten Frauen sind von dieser Problematik betroffen und auch nicht. Sie sind, wenn man so will, die Opfer der Gleichberechtigung. Indem der soziale Emanzipationskampf nicht mehr stattfindet und in einen Kampf der Geschlechter verfälscht wurde, gerieten sie automatisch auf die Seite der Unterdrückten, obwohl sie sozial weiter oben sind, gerieten in das Schußfeld der Attacken gegen Mütterarbeit, in die Ideologisierung der Mutterrolle, die Mädchenerziehung zu Hausfrau und Mutter. Das kulminiert, wenn sie Kinder kriegen, Mutterschaft kennt keine sozialen Unterschiede. Bei der neuen Rollenfindung ist die gebildete Frau auf die gleichen Mittel angewiesen wie die Arbeiterin, setzt sich – wie diese – dem Verdacht aus, in der Mutterschaft nicht aufgehen zu wollen, gerät psychologisch unter den gleichen Druck, oft auch in die praktisch gleichen Schwierigkeiten, mangels Kindergärten und Haushilfen. Sie gerät in die Klemme, wenn auch nur vorübergehend, da ihr in der Regel mehr Mittel zur Verfügung stehen, die Probleme zu lösen. Ihre wenig rationalistische, nahezu nie gesellschaftskritische Universitätsbildung gibt ihr nicht die Möglichkeit, ihre Lage als Teil einer größeren Auseinandersetzung zu begreifen, die mit ihr persönlich nur bedingt zu tun hat. Ihre Phantasie, ihr Einfühlungsvermögen und ihre Erfahrungen reichen selten aus, sich die Lage ihrer arbeitenden Geschlechtsgenossinnen in Industrie und Handel vorzustellen, ihre Moral und ihr gesellschaftspolitisches Wissen nicht, sich mit ihnen zu solidarisieren.

Um die Gleichberechtigung der Arbeiterin und Angestellten, die Emanzipation der arbeitenden Bevölkerung zu verhindern, kann auf die Diskriminierung der Frau, aller Frauen, nicht verzichtet werden. Um den Vorwurf gegen die Gesellschaft, die Herrschenden nicht aufkommen zu lassen, sie verweigere ihren Beistand bei der Lösung des Problems der Kinderaufzucht bei außerhäuslicher Erwerbstätigkeit, kann auf die Verleumdung aller berufstätigen Mütter nicht verzichtet werden, nicht auf die Egalisierung aller Frauen in der Wesensbestimmung als Hausfrau und Mutter. In dieser Richtung dürfte die Ursache für den *Weiblichkeitswahn* zu suchen sein. In Kenntnis solcher Zusammenhänge könnte er sehr viel differenzierter beschrieben werden, als Betty Friedan es getan hat.

Der Protest ist fällig. Er findet nicht statt. Hervorgerufen wird er nicht nur durch das Studium der Methoden und Mittel der Unterdrückung. Provoziert wird er vor allem durch das Produkt: durch Millionen dumme, abgestumpfte, unpolitische, für Farah Diba und Soraya schwärmende, sich abrackernde, es gut meinend falsch machende, ihre Kinder schlagende Frauen. Und das ist immer noch die Mehrheit.

[1] Georg Lukács: *Von Nietzsche zu Hitler oder Der Irrationalismus und die deutsche Politik* – Fischer-Bücherei, Frankfurt 1966, S. 113

[2] Helge Pross: *Die gesellschaftliche Stellung der Frau in Westdeutschland,* in: *Deutsche Rundschau* Jg. 84/1958

[3] Vgl. Georg Lukács a.a.O. S. 122

[4] Vgl. Georg Lukács a.a.O.

[5] Z. B. *Das Gesetz über die Gleichberechtigung von Mann und Frau auf dem Gebiet des bürgerlichen Rechts vom 18. Juni 1957*

[6] Vgl. 1949: *Grundgesetz* Art. 3,2
1950: *Übereinkommen Nr. 100 über die Gleichheit des Entgelts männlicher und weiblicher Arbeitskräfte für gleichwertige Arbeit der Internationalen Arbeitskonferenz in Genf.* 1956 stimmte der Bundestag dem Übereinkommen zu.
1952: *Betriebsverfassungsgesetz* § 51
1955: 3 Urteile des Bundesarbeitsgerichts in Kassel über die Gleichberechtigung von Mann und Frau

[7] Geschäftsbericht des Bundesvorstandes des DGB 1962 bis 1. Halbjahr 1965, Düsseldorf, S. 294

[8] Frauenbericht der Bundesregierung, Bundestagsdrucksache V/909, S. 91 b

[9] 1 AZR 305/54, abgedruckt in *Gewerkschaftliche Beiträge zum Frauenlohnproblem,* herausgegeben vom DGB, o. J.

[10] Olaf Radke – Wilhelm Rathert: *Gleichberechtigung? – Eine Untersuchung über die Entwicklung der Tariflöhne und Effektivverdienste in der Metallindustrie nach dem Gleichheitsgrundsatz des Grundgesetzes,* Frankfurt 1964, S. 14

[11] Rudolf Hofmann: *Produktivität als Fetisch – gewerkschaftliche Motive einer indexgebundenen Lohnpolitik,* Frankfurter Hefte, November 1966, 21. Jg., Heft 11, S. 765

[12] a.a.O.

[13] Olaf Radke: *Sozialpartnerschaft* und *Sozialadäquanz* – Frankfurter Hefte, März 1966, 21. Jg., Heft 3, S. 161

[14] Clara Zetkin: *Arbeiterinnen- und Frauenfrage der Gegenwart, Berliner Arbeiterbibliothek* Heft III, Berlin 1889, S. 10

[15] Helga Läge: *Frauenerwerbsarbeit heute,* in: *Bundesarbeitsblatt,* 2. Februarheft 1964, S. 119

[16] Protokoll der 2. Bundesfrauenkonferenz Dortmund 12. bis 14. Mai 1955, Hrsg.: DGB, Düsseldorf, S. 142

[17] Diese Meinung ist uns von einem in unseren Augen absolut kompetenten Fachmann gesagt worden, mit der ausdrücklichen Bitte, ihn nicht namentlich zu nennen. Sie paßt nicht in eine Gewerkschaftspolitik, die auf Veränderung verzichtet hat.

[18] Helga Läge a.a.O. S. 119: »Literatur und Praxis betonen ziemlich übereinstimmend, daß Frauen im allgemeinen weniger monotonieempfindlich sind als Männer und daher einförmige Arbeiten leichter ertragen.«

[19] a.a.O. S. 120

[20] Es wird hier an Arbeitsplätze gedacht, die mit Kleinstzeitverfahren (in der BR werden hauptsächlich MTM – Methods Time Measurement – und WF – Work Factor – angewandt) durchgestaltet sind. Es würde zu weit führen, das Prinzip dieser Methoden hier zu beschreiben. Die durch sie erzielten Ergebnisse sind arbeitsplatzmäßig die beschriebenen.

[21] a.a.O. S. 5

[22] Vgl. *ifas-report: Frau und Öffentlichkeit,* Bad Godesberg, April 1965: 72 Prozent der befragten Männer und 68 Prozent der befragten Frauen hielten es nicht für normal, daß Frauen berufstätig sind. 88 bis 92 Prozent der befragten Frauen, berufstätige und nichtberufstätige, berufstätige Mütter und nichtberufstätige Mütter fanden, Mütter sollten den Beruf aufgeben.

[23] Vgl. Denkschrift über Teilzeitarbeit von Frauen in: *Die Denkschriften der EKD* – Texte und Kommentar von Alfred Odin, Neukirchen Vluyn 1966, S. 44

[24] Alexander Mitscherlich: *Auf dem Weg zur vaterlosen Gesellschaft – Ideen zur Sozialpsychologie,* München 1963, S. 95

[25] In einem Hamburger Chemie-Betrieb wurde uns gegenüber unverblümt gesagt: Die 30jährige mit Kind und zerbrochener Ehe ist die ideale Mitarbeiterin für uns. Sie ist froh einen Arbeitsplatz zu haben und verhält sich danach. Die Gefahr, daß sie wieder aufhört zu arbeiten besteht nicht.

[26] Elisabeth Pfeil: *Die Berufstätigkeit von Müttern,* Tübingen 1961

aus: Christa Rotzoll (Hrsg.). Emanzipation und Ehe, München 1968, S. 33 - 50

Demokratie spielen

Henri Nannen hat von der Kommune gelernt. Was denen die Farbbeutel, ist ihm sein Lieber Sternleser. Und wo er Lübkes Rücktritt dessen ersten Dienst an diesem Staat nennt, bleibt er weder hinsichtlich politischem Aussagewert noch Frechheit hinter Fritz Teufels Adresse an Klaus Schütz zurück: »Herr Schütz, Sie sind ein Weihnachtsmann.« Das Gefühl, es hierzulande mit Politikern zu tun zu haben, die nur noch als Schießbudenfiguren ansprechbar sind, breitet sich aus, was sich die so Angesprochenen wohl selbst zuzuschreiben haben. Nur eben steht und fällt die Demokratie, von der plötzlich wieder die Rede ist, nicht mit Schießbudenfiguren, und ob Lübke bleibt oder geht, ist belanglos für die demokratische Zukunft der Bundesrepublik, wie es auch belanglos ist für den neuen Faschismus, ob an seiner Spitze einer steht, der KZ's gebaut hat oder keine. Wie es eben inzwischen auch belanglos geworden ist, ob man es – wie wir und Robert Neumann, der die ganze Geschichte schon vor fast zwei Jahren in *konkret* ausgebreitet hat – schlimm findet, daß Lübke KZ's gebaut hat oder ob man es – wie Henri Nannen – nur schlimm findet, daß Lübke sich nicht daran erinnern will.

Wenn Lübke und die ganze etablierte Öffentlichkeit der Bundesrepublik vor drei Jahren, als die DDR mit den Dokumenten herauskam, wenigstens erschrocken gewesen wären, nicht über den Prestigeverlust, sondern über die Sache selbst, wenn denen allen wenigstens schlecht geworden wäre, wenn das für die wenigstens ein Gewissenskonflikt gewesen wäre oder so etwas, woran man ins Stottern kommen kann, dann hätte das vielleicht noch etwas ausgemacht für die politische Entwicklung hierzulande. Aber als Robert Neumann vor zwei Jahren in dieser Zeitung eine Reihe von »Persönlichkeiten« – lassen wir die Namen, die schmutzige Wäsche weg – bat, mit ihm nach Ostberlin zu fahren, um die Originaldokumente einzusehen, hatte jeder eine andere Begründung, um das abzulehnen. Als Robert Neumann sich vor zwei Jahren in Sachen Lübke die Finger wund schrieb, ging das ins Leere.

Heute ist der Fall Lübke kein Hebel mehr, politisch noch etwas zu bewirken, zu verhindern, zu verändern. Der Mann hat einfach ausgedient, er hat seine Funktionen erfüllt, als Präsident der Großen Koalition, als Lückenbüßer etc. pp., jetzt kann nichts mehr passieren, man kann mit ihm Demokratie, Pressefreiheit, Kritik, Opposition spielen, man kann ihm so übel mitspielen, wie man will, wäre der Mann nicht so unsensibel und einfältig, er müßte einem schon leid tun, wie er da von allen Seiten angeknufft wird.

Das Spiel, das gespielt wird, ist ganz schön durchsichtig. Sicherlich war es nicht das amerikanische Schriftgutachten, das den Fall skandalös gemacht hat, eher Henri Nannens Beschluß, das Schriftgutachten zu bezahlen und zu veröffentlichen, Henri Nannens Sehnsucht nach einem »sauberen Staat«, nach einem Anti-Che, einem Anti-Ho Tschi-minh-Plakat, nach einer Selbstreinigung, einer wirksamen Gegenaktion gegen die außerparlamentarische Opposition, einer »sauberen« Konterrevolution. Die etablierte Öffentlichkeit, der es vor zwei Jahren noch ganz egal war, ob Lübke ein großer oder ein kleiner Nazi war, weil sie selbst aus Leuten besteht, die kein Interesse daran haben können, daß man sie fragt, ob sie große oder kleine Nazis waren, diese etablierte Öffentlichkeit hat gemerkt, daß sie der entstehenden Gegenöffentlichkeit etwas bieten muß, wenn sie nicht von ihr verdrängt werden will, daß sie wenigstens den Gestus von Opposition annehmen muß, wenn sie überhaupt noch von denen, die angefangen haben, politisch zu denken und zu arbeiten, beachtet werden will. Daß es nun ausgerechnet der Bundespräsident selbst ist, den man auf dem Altar dieser Schein-Demokratie schlachten will, um den Schein zu wahren, liegt natürlich in erster Linie an diesem Präsidenten selbst, weil er sich selbst so unübersehbar für dieses Spektakel anbietet; der außerparlamentarischen Opposition allerdings vermag der Fall durchaus Genugtuung zu verschaffen, daß es eben doch kein Geringerer ist als der Präsident. Und man wird darum bitten dürfen, daß der nächste der Kanzler sein möge, um nicht hinter dem einmal erreichten Niveau zurückzubleiben.

So mag denen, die den Fall Lübke jetzt betreiben, dieser ein

»gefundenes Fressen« sein. Tatsächlich ist er nur ein Symptom, tatsächlich ist auch das ganze Drum und Dran nur symptomatisch für die Funktionsunfähigkeit dieser Demokratie, ihre Inhaltslosigkeit, ihre radikale Unglaubwürdigkeit.

Da steht gleichrangig neben dem Vorwurf, daß Lübke KZ's gebaut hat, der Vorwurf, daß seine Frau sich ihres hohen Alters schämt. Obwohl letzteres doch nur rührend ist und wenn da auch mal mit unlauteren Mitteln gearbeitet worden sein mag, so stehen doch kosmetische Operationen, ob nun im Gesicht oder im Personalausweis, in keinem Verhältnis zu den Konzentrationslagern, die Lübke gebaut hat und die Lücke im Zuge der Notstandsgesetze plant.

Da steht gleichrangig neben dem Vorwurf, daß Lübke mit KZ-Häftlingen gearbeitet hat und deswegen vielleicht nicht der geeignete Repräsentant eines Landes ist, das Wert darauf legt, den Zusammenhang zwischen Faschismus und Kapitalismus zu verschleiern, der Vorwurf, daß er sich öfters bei seinen Reden verhaspelt, was seinen Rücktritt aus Altersgründen nahelegt, aber doch kein politischer Einwand gegen ihn ist.

Da steht gleichrangig neben dem Vorwurf, daß Lübke ein Vertrauensmann der Gestapo war – sollte die Gestapo vielleicht mit Leuten KZ's gebaut haben, die ihr nicht vertrauenswürdig waren? –, der Vorwurf, daß er das alles zu vertuschen versucht hat. Obwohl die, die ihm das jetzt vorwerfen, vor zwei, drei Jahren keinen Finger gekrümmt haben, um der Vertuschung ein Ende zu machen, als es noch keine außerparlamentarische Opposition gab, der man etwas bieten mußte. Obwohl die Vertuschung doch wirklich in Wahrnehmung berechtigter Interessen geschah und es doch wohl ein Unterschied ist, ob einer ein Amt auf den Hund bringt oder Menschen.

Das Demokratie-Spiel, das Henri Nannen inszeniert hat, funktioniert nicht. Er kann den Staat, dessen Autoritäten – Höfer, Ahlers, Kiesinger, Lücke, Lübke und wie sie alle heißen – nun alle ins Schliddern geraten sind, nicht retten. Der lachende Dritte ist diesmal wirklich die außerparlamentarische Opposition.

Nr. 4, 1968

In seiner Kolumne ›Lieber Sternleser‹ hatte *Henri Nannen* im März 1968 den Rücktritt von Bundespräsident *Heinrich Lübke* gefordert: weil dieser zu der – damals schon bewiesenen – Beschuldigung geschwiegen hatte, er habe in dem Architekturbüro, in dem er während des Krieges angestellt war, Pläne für KZ-Baracken entworfen. Durch vorgezogene Präsidentschaftswahlen im folgenden Jahr wurde Lübkes Amtszeit um etwa ein halbes Jahr verkürzt. Seine offensichtliche Senilität machte ihn zuletzt zum Liebling bundesdeutscher Satire-Blätter; dem offiziellen Bonn hingegen war er peinlich. – *Klaus Schütz:* damals Regierender Bürgermeister von West-Berlin. – *Kanzler:* der Bundeskanzler der Großen Koalition, *Kurt-Georg Kiesinger*, war im Dritten Reich Mitglied der NSDAP gewesen. – *Paul Lücke:* damals Bundesinnenminister.

Vom Protest zum Widerstand

»Protest ist, wenn ich sage, das und das paßt mir nicht. Widerstand ist, wenn ich dafür sorge, daß das, was mir nicht paßt, nicht länger geschieht. Protest ist, wenn ich sage, ich mache nicht mehr mit. Widerstand ist, wenn ich dafür sorge, daß alle andern auch nicht mehr mitmachen.« So ähnlich – nicht wörtlich – konnte man es von einem Schwarzen der Black-Power-Bewegung auf der Vietnamkonferenz im Februar in Berlin hören.

Die Studenten proben keinen Aufstand, sie üben Widerstand. Steine sind geflogen, die Fensterscheiben vom Springerhochhaus in Berlin sind zu Bruch gegangen, Autos haben gebrannt, Wasserwerfer sind besetzt worden, eine BILD-Redaktion ist demoliert worden, Reifen sind zerstochen worden, der Verkehr ist stillgelegt worden, Bauwagen wurden umgeworfen, Polizeiketten durchbrochen – Gewalt, physische Gewalt wurde angewendet. Die Auslieferung der Springerpresse konnte trotzdem nicht verhindert werden, die Ordnung im Straßenverkehr war immer nur für Stunden unterbrochen. Die Fensterscheiben wird die Versicherung bezahlen. An Stelle der ausgebrannten Lastautos werden neue ausfahren, der Wasserwerferbestand der Polizei wurde nicht verkleinert, an Gummiknüppeln wird es auch in Zukunft nicht fehlen. Also wird das, was passiert ist, sich wiederholen können: Die Springerpresse wird weiter hetzen können, und Klaus Schütz wird auch in Zukunft dazu auffordern können, »diesen Typen ins Gesicht zu sehen« und die Schlußfolgerung nahelegen, ihnen reinzuschlagen – was am 21. Februar bereits geschehen ist –, schließlich zu schießen.

Die Grenze zwischen verbalem Protest und physischem Widerstand ist bei den Protesten gegen den Anschlag auf Rudi Dutschke in den Osterfeiertagen erstmalig massenhaft, von vielen, nicht nur einzelnen, über Tage hin, nicht nur einmalig, vielerorts, nicht nur in Berlin, tatsächlich, nicht nur symbolisch – überschritten worden. Nach dem 2. Juni wurden Springerzeitungen nur verbrannt, jetzt wurde die Blokkierung ihrer Auslieferung versucht. Am 2. Juni flogen nur Tomaten und Eier, jetzt flogen Steine. Im Februar wurde nur ein mehr amüsanter und lustiger Film über die Verfertigung von Molotowcocktails gezeigt, jetzt hat es tatsächlich gebrannt. Die Grenze zwischen Protest und Widerstand wurde überschritten, dennoch nicht effektiv, dennoch wird sich das, was passiert ist, wiederholen können; Machtverhältnisse sind nicht verändert worden. Widerstand wurde geübt. Machtpositionen wurden nicht besetzt. War das alles deshalb sinnlose, ausufernde, terroristische, unpolitische, ohnmächtige Gewalt?

Stellen wir fest: Diejenigen, die von politischen Machtpositionen aus Steinwürfe und Brandstiftung hier verurteilen, nicht aber die Hetze des Hauses Springer, nicht die Bomben auf Vietnam, nicht Terror in Persien, nicht Folter in Südafrika, diejenigen, die die Enteignung Springers tatsächlich betreiben könnten, stattdessen Große Koalition machen, die in den Massenmedien die Wahrheit über BILD und BZ verbreiten könnten, stattdessen Halbwahrheiten über die Studenten verbreiten, deren Engagement für Gewaltlosigkeit ist heuchlerisch, sie messen mit zweierlei Maß, sie wollen genau das, was wir, die wir in diesen Tagen – mit und ohne Steinen in unseren Taschen – auf die Straße gingen, nicht wollen: Politik als Schicksal, entmündigte Massen, eine ohnmächtige, nichts und niemanden störende Opposition, demokratische Sandkastenspiele, wenn es ernst wird den Notstand. – Johnson, der Martin Luther King zum Nationalhelden erklärt, Kiesinger, der den Mordversuch an Dutschke telegrafisch bedauert – sie sind die Repräsentanten der Gewalt, gegen die King wie Dutschke angetreten sind, der Gewalt des Systems, das Springer hervorgebracht hat und den Vietnam-Krieg, ihnen fehlt beides: Die politische und die moralische Legitimation, gegen den Widerstandswillen der Studenten Einspruch zu erheben.

Stellen wir fest: Es ist dokumentiert worden, daß hier nicht einfach einer über den Haufen geschossen werden kann, daß der Protest der Intellektuellen gegen die Massenverblödung durch das Haus Springer ernst gemeint ist, daß er nicht für den lieben Gott bestimmt ist und nicht für später, um einmal sagen zu können, man sei schon immer dagegen gewesen, es ist dokumentiert worden, daß Sitte & Anstand Fesseln sind, die durchbrochen werden können, wenn auf den so Gefesselten eingedroschen und geschossen wird. Es ist dokumentiert worden, daß es in diesem Land noch Leute gibt, die Terror und Gewalt nicht nur verurteilen und heimlich dagegen sind und auch mal was riskieren und den Mund nicht halten können und sich nicht bange machen lassen, sondern daß es Leute gibt, die bereit und fähig sind, Widerstand zu leisten, so daß begriffen werden kann, daß es so nicht weiter geht. Es ist gezeigt worden, daß Mordhetze und Mord die öffentliche Ruhe und Ordnung stören, daß es eine Öffentlichkeit gibt, die sich das nicht bieten läßt. Daß ein Menschenleben eine andere Qualität ist als Fensterscheiben, Springer-LKWs und Demonstranten-Autos, die bei der Auslieferungsblockade vor dem Springerhochhaus in Berlin von der Polizei in Akten blanker Willkür umgeworfen und beschädigt wurden. Daß es eine Öffentlichkeit gibt, die entschlossen ist, das Unerträgliche nicht nur unerträglich zu nennen, sondern dagegen einzuschreiten, Springer und seine Helfershelfer zu entwaffnen.

Nun, nachdem gezeigt worden ist, daß andere Mittel als nur Demonstrationen, Springer-Hearing, Protestveranstaltungen zur Verfügung stehen, andere als die, die versagt haben, weil sie den Anschlag auf Rudi Dutschke nicht verhindern konnten, nun, da die Fesseln von Sitte & Anstand gesprengt worden sind, kann und muß neu und von vorne über Gewalt und Gegengewalt diskutiert werden. Gegengewalt, wie sie in diesen Ostertagen praktiziert worden ist, ist nicht geeignet, Sympathien zu wecken, nicht, erschrockene Liberale auf die Seite der Außerparlamentarischen Opposition zu ziehen. Gegengewalt läuft Gefahr, zu Gewalt zu werden, wo die Brutalität der Polizei das Gesetz des Handelns bestimmt, wo ohnmächtige Wut überlegene Rationalität ablöst, wo der paramilitärische Einsatz der Polizei mit paramilitärischen Mitteln beantwortet wird. Das Establishment aber, die »Herren an der Spitze« – um mit Rudi zu reden –, in den Parteien, Regierungen und Verbänden haben zu begreifen, daß es nur ein Mittel gibt, »Ruhe & Ordnung« dauerhaft herzustellen: Die Enteignung Springers. Der Spaß hat aufgehört. »Protest ist, wenn ich sage, das und das paßt mir nicht. Widerstand ist, wenn ich dafür sorge, daß das, was mir nicht paßt, nicht länger geschieht.«

Nr. 5, 1968

Am 11. April 1968 (Gründonnerstag) wurde in West-Berlin *Rudi Dutschke* von Josef Bachmann, der rechtsradikalen Kreisen nahestand, niedergeschossen und lebensgefährlich verletzt; unmittelbar danach kam es in West-Berlin und der BRD zu den bisher größten und militantesten Demonstrationen der Studenten- und Jugendlichen-Bewegung. Vielerorts wurde – wenn auch nur mit geringem Erfolg – versucht, die Auslieferung von Springer-Zeitungen zu verhindern. – *Vietnamkonferenz:* Im Februar 1968 fand an der TU Berlin der ›Internationale Vietnam-Kongreß‹ statt, der Höhepunkt der Vietnam-Kampagne; zahlreiche ausländische Delegationen nahmen teil, nach Aufhebung eines vom Senat erlassenen Demonstrationsverbotes nahmen über 12 000 an der Abschluß-Demonstration des Kongresses teil. Wenige Tage später, am 21. Februar, antwortete das offizielle Berlin mit einer von Senat, DGB und Springer-Konzern organisierten Gegenkundgebung; in der von den Springer-Zeitungen angeheizten Pogrom-Stimmung kam es mehrfach zu Ausschreitungen gegen Studenten, Langhaarige, Intellektuelle. – *Springer-Hearing:* vom SDS und anderen studentischen Organisationen im Februar 1968 geplante (und wegen der Eskalation der Ereignisse fallengelassene) öffentliche Veranstaltung zur Aufklärung über die Methoden der Springer-Presse. Auf einer Vorbereitungsveranstaltung wurde ein *Lehrfilm* von Holger Meins gezeigt: er unterrichtete über den Bau von Molotow-Cocktails.

Notstand – Klassenkampf

Was ist hier eigentlich los? Bonn erlebt seine größte Demonstration und die Notstandsopposition auch, aber die Frankfurter Allgemeine kann über den Sternmarsch auf Bonn triumphierend schreiben: »Bonn ist über den Ausgang des Sternmarsches erleichtert« – soweit die Schlagzeile auf der ersten Seite und dann im Leitartikel: »Die Abgeordneten sind keine ›Volksboten‹, die für jeden Schritt ›dem Wähler‹ permanent zur Rechenschaft stünden« (»dem Wähler« – warum nicht gleich »dem sogenannten Wähler«?); »Die Abgeordneten sind verpflichtet, nach ihrem Gewissen zu handeln, nicht nach Auftrag einzelner und von Gruppen« (FAZ 13. 5.) – Bonn ist nicht ausgelüftet worden, Bonn ist nicht in die Knie gegangen. Zehn Jahre Opposition gegen die Notstandsgesetze, und die Abgeordneten sind immer noch niemandem als ihrem guten Gewissen verpflichtet, d. h. keine öffentliche Rechenschaft schuldig über Interessenvertretung und Hintermänner. Zehn Jahre Opposition gegen die Notstandsgesetze – und Bonn ist erleichtert, und wenn der Notstandsfahrplan nicht noch in letzter Minute durcheinanderkommt, dann sind die Notstandsgesetze verabschiedet, eh wir's uns versehen. Was ist hier eigentlich los?

Zehn Jahre Notstandsopposition, und es ist nicht klar geworden, nicht begriffen worden, daß dies nur formal ein Verfassungsstreit ist, nur formal von Juristen und Sachverständigen bestreitbar. Es ist kaum begriffen worden, daß die Notstandsgesetzgebung der Generalangriff der Gesellschaftsinhaber auf die politische Demokratie ist, der Generalangriff der Herrschenden auf die Beherrschten, der herrschenden Klasse gegen alle, die nicht Nutznießer des Systems sind.

Der Kampf gegen die Notstandsgesetze – aber was heißt hier schon Kampf, wo er doch bisher nur mit Schriftsätzen, harmlosen Veranstaltungen, verbalen Kraftakten geführt wurde – ist als Selbstzweck geführt worden, zum Zweck der Erhaltung des Grundgesetzes, zur Verteidigung der politischen Demokratie. Defensiv ist er geführt worden. Die Verteidigungslinien sind zwar in den letzten zehn Jahren mächtig verstärkt worden, zu den paar Wissenschaftlern und Journalisten sind die Gewerkschaften dazugekommen, die Studenten, die Schriftsteller, immer mehr Menschen – aber qualitativ hat die massenhafte Verbreiterung der Bewegung ihren Inhalt nicht verändert – selbst die Gewerkschaften verteidigen nichts als das Grundgesetz, als die politische Demokratie.

So konnte gleichzeitig mit der Bewegung gegen die Notstandsgesetze der Springerkonzern wachsen, und die Herren an der Ruhr konnten ihre Subventionen einstreichen und die Haus- und Grundbesitzer sich einen Lücke-Plan machen lassen, kurz: gleichzeitig und von der Bewegung gegen die Notstandsgesetze ganz unbehindert wuchs auch die Macht der Gesellschaftsinhaber und nicht mal nur ihre wirtschaftliche Macht, auch ihre politische Macht, durch den Eintritt der SPD in die CDU-Regierung. Was sie jetzt beanspruchen, ist nichts als die parlamentarisch-politische Ratifikation ihrer gesellschaftlichen Macht. Man kann es ihnen fast nicht verdenken. Sie haben nie behauptet, es wäre Wählerwille, daß Notstandsgesetze gemacht würden.

Wir haben die politische Demokratie verteidigt, anstatt die gesellschaftlichen Mächte, die Unternehmerverbände samt ihren Dependancen in Staat und Gesellschaft selbst anzugreifen. Wir haben das Grundgesetz hochgehalten, anstatt dafür zu sorgen, daß die sozial-ökonomischen Voraussetzungen zur Erhaltung und Ausweitung dieser Demokratie geschaffen würden. Wir haben gegen die Notstandsgesetze argumentiert, anstatt gegen die Macht der Konzerne zu kämpfen, gegen die Ausdehnung des Springerkonzerns, wenigstens für eine radikale, umfassende Mitbestimmung.

Weil wir uns auf einen reinen Verfassungsstreit eingelassen haben, weil wir so getan haben, als wären unsere Gegner ihrem Gewissen verpflichtete Parlamentarier, nicht ihren Konzernen verpflichtete Masken und keine Sozialdemokraten, weil wir so getan haben, als hätten wir einen über alle Interessen stehenden, unparteiischen Staat, dessen Institutionen dem Gemeinwohl verpflichtet sind, weil wir die Notstandsgesetze nicht zum Gegenstand von Klassenkampf gemacht haben – deshalb ist Bonn erleichtert.

Weil es uns nicht gelungen ist, uns von der trockenen, abstrakten Materie eines Verfassungsstreites zu trennen und Klassenkampf zu machen, in dem jeder Einzelne am Hochofen, an der Walzstraße, am Band, im Büro, am Packtisch, am Schreibtisch, im Hörsaal, im Klassenzimmer und im Lehrerzimmer hätte begreifen und lernen können, daß das, was ihn bedrückt, die unkontrollierte Abhängigkeit von der Willkür von denen da oben ist, »die sowieso machen, was sie wollen«. Weil wir die Verteidigung der politischen Demokratie nicht geführt haben als Kampf um die sozial-ökonomische Demokratie, nicht als Klassenkampf zur Schwächung der Gesellschaftsinhaber; weil wir den Kampf gegen die Notstandsgesetzgebung eben doch nur den Professoren überlassen haben, deren Sachverstand unentbehrlich, deren Macht gleich Null ist –; weil wir mit den Mitteln der Heilsarmee Verbrechensbekämpfung betrieben haben – deshalb ist Bonn erleichtert.

Das alles nur so den Gewerkschaften vorzuwerfen, hieße diese Kritik falsch adressieren. Gewerkschaften sind ihrer Geschichte und Struktur nach immer nur Defensivorganisationen gewesen. Arbeitskämpfe waren immer nur dazu da, die Ausbeutung zu kontrollieren, bestenfalls einzudämmen, nicht, sie abzuschaffen. So verteidigen sie jetzt ganz logisch und konsequent ihr Streikrecht im Grundgesetz, nicht einmal, um es zu benutzen, mehr um den sozialen Besitzstand zu halten. – Unsere Kritik gilt jenen Intellektuellen innerhalb und außerhalb der Gewerkschaften, die den Fleiß und das Wissen hätten aufbringen können, zumindest theoretisch den Kampf gegen die Notstandsgesetze in Klassenkampf zu transformieren, die den Gewerkschaften die Gebrauchsanweisung hätten erarbeiten können, wie man aus der Defensive hätte herauskommen können. Stattdessen haben sie den Gewerkschaften nur die Juristerei bei der Sache erarbeitet, haben Proteste organisieren geholfen, die Basis verbreitern, bis hin zu dem riesigen Sternmarsch auf Bonn, der Bonn erleichtert hat. Auf den strategischen Stellenwert des Kampfes sind sie kaum gekommen. Jetzt rufen wir nach dem Generalstreik. Was haben wir getan, um ihn vorbereiten zu helfen?

Wenn wir so weiter machen, ist es leeres Geschwätz gewesen, daß auch nach der Verabschiedung der Gesetze der Kampf weiter ginge. Welcher denn? Um die Verfassung? Welche? – Bonn hat ganz schön vor dem Sternmarsch gezittert. Das heißt, zahlenmäßig sind wir stark genug, um schon etwas auszurichten. Nun müssen wir es aber auch tun. Die Demokratisierung von Staat und Gesellschaft sind das Ziel. Der Kampf gegen die Notstandsgesetze ist ein Mittel unter anderen, dieses Ziel zu erreichen, d. h. die Diktatoren in Staat und Gesellschaft zu entmachten. Das schafft man aber nicht, wenn man sich nur gegen den Wechsel von der großen in die kleine Gefängniszelle wehrt und darüber vergißt, den Ausbruch vorzubereiten.

Nr. 6, 1968

Am 11. Juni 1968 fand ein vom ›Kuratorium Notstand der Demokratie‹ organisierter *Sternmarsch* nach Bonn statt, an dem über 60000 Demonstranten teilnahmen und auf dem es zu keinen Zwischenfällen kam. In einem Aufruf des SDS wurden die Gewerkschaften aufgefordert, einen Generalstreik auszurufen. Noch im gleichen Monat passierten die Notstandsgesetze den Bundestag – begleitet von zahlreichen dezentralen Demonstrationen und Streikversuchen. Der Sternmarsch auf Bonn war die letzte gemeinsame Aktion der Außerparlamentarischen Opposition.

Der Schock muß aufgearbeitet werden

Die Betroffenheit ist total. Bis zu den Studentenunruhen der letzten zwei Jahre war die europäische Linke pro-sowjetisch. Sie war nicht kritiklos, nicht ohne Vorbehalte, aber doch eindeutig genug, um sich jederzeit von bürgerlicher Kritik an der Sowjetunion absetzen zu können.

Ungarn 1956 hatte diese Kontinuität durchbrochen. Die kommunistischen Parteien Westeuropas unterlagen einer Zerreißprobe, aber noch die Reaktionen auf die Nah-Ost-Krise im Juni 1967 zeigten den Zusammenhalt einer sowjetisch orientierten Internationalen: wenngleich damals schon begriffen werden konnte – gerade damals, weil die Affektivität der Reaktionen stärker war als je auf den Vietnamkrieg – den sowjetisch-chinesischen Konflikt – daß Reaktion und Sozialismus nicht mehr auf das Begriffspaar von pro- und antisowjetischer Politik gebracht werden können.

Am 21. August 1968 hat die europäische Linke ihre Solidarität, ihre Sympathie, ihre Dankbarkeit gegenüber der Sowjetunion als dem ersten sozialistischen Land, als dem Staat, der in Stalingrad den deutschen Faschismus besiegt hat, aufgegeben.

Das Deutsche Fernsehen konnte eine Umfrage bei den kommunistischen Parteien Westeuropas machen und bekam die Antworten, die es senden wollte: Entsetzen, Trauer, Verurteilung der sowjetischen Politik.

Bruchlos gingen in der Tagesschau die Proteste der Studenten in die Proteste der Bonner und Berliner Offiziellen über. Und der Bonn-Korrespondent des Deutschen Fernsehens konnte befriedigt melden: Polizei und Studenten hätten sich vor der Sowjetischen Botschaft gegenübergestanden und sich nichts getan. Die Proteste waren moralisch, sie waren ohnmächtig, sie sind integriert worden, sie konnten sich nicht artikulieren. Die Frage aber muß aufgeworfen werden, ob das, was in Prag zerstört worden ist – brutal und unsentimental – ob das nicht eine Idylle war.

Was man den Prager Frühling genannt hat, war die Befreiung von sowjetisch-stalinistischem Druck. Es hat dort für eine kurze Zeit Pressefreiheit gegeben und eigene Tabus sind gebrochen worden, das Tabu des Westhandels, des Anschlusses an kapitalistische Märkte, einer Kreditpolitik mit dem Westen. Da hat sich ein Pragmatismus ausgebreitet, der tatsächlich wohltuend gewirkt haben muß, versprach er doch die Verwirklichung unmittelbarer Bedürfnisse; des Bedürfnisses, offen seine Meinung sagen zu können, ob richtig oder falsch, gescheit oder nicht, endlich einmal nur so. Des Bedürfnisses nach besserer Versorgung mit Konsumgütern, nach unpolitischer, intelligenter Unterhaltung; des Bedürfnisses nach einem nationalen Selbstbewußtsein, nach Unabhängigkeit. Das Glücksgefühl, das sich in der Tschechoslowakei in diesen letzten Monaten ausgebreitet haben muß, gab ja nicht nur einem sturen Anti-Kommunismus recht, es gab vielmehr Aufschluß über die Unnachgiebigkeit des Drucks, unter dem man bis dahin dort gelebt hatte; es gab freilich auch Aufschluß darüber, wie minimal die stalinistischen Politisierungsversuche durch Agitation und Propaganda verfangen hatten. Die Naivität, mit der man von einem demokratischen Sozialismus neuen Typs sprach, von Ausgleich mit den Kirchen, von antiimperialistischer Sicherheitspolitik, von einer Neuformulierung des Marxismus ohne inhaltlich und genau zu sagen, was gemeint ist – die Naivität, mit der man einen Demokratisierungsprozeß von oben nach unten durchführen zu können glaubte – auch diese Naivität dürfte das Produkt massenhafter Entpolitisierung stalinistischer Politik sein.

Kampflos glaubte man, einen Demokratisierungsprozeß durchführen zu können, kampflos hat man ihn aufgeben müssen. Das dürfte die Illusion sein, die die Tschechoslowaken hatten und die auch anderswo nicht aufgearbeitet worden ist: Die Befreiung von sowjetischem Druck und das im Zuge dieser Befreiung entstandene Hochgefühl, gestützt auf einen gesunden Pragmatismus, das konnte man einfach machen ohne internationalen Kontext, ohne revolutionäre Bewegung, ohne schmerzliche Lernprozesse, ohne Theorie.

Die Frage muß aufgeworfen werden, ob zum Beispiel die Aufgabe der Führungsrolle der kommunistischen Partei in einem sozialistischen Land tatsächlich nur durch Auflockerung und Masseneintritte in die Partei vollzogen werden kann, und die Beteiligung der Massen an der Politik durch Unterschriftensammlungen und die Agitation durch Funk und Fernsehen. Ob ein tatsächlicher, antiimperialistischer, international haltbarer Demokratisierungsprozeß nicht auch neue Organisationsformen erfordert, eine neue Machtstruktur, eine Politisierung der Massen, die sich ausdrücken könnte in Rätestrukturen, in Selbstorganisationen der Massen. Die Frage muß aufgeworfen werden, ob die internationale Einsamkeit der CSSR an diesem Tag, die Trauer und Depression, die die Menschen dort ergriffen hat, nicht etwas damit zu tun hat, daß sie ihre partielle Trennung von der Sowjetunion ohne Internationalität vollzogen hat, ohne ein Wort mehr als zuvor gegen den Krieg in Vietnam, ohne Engagement in der Dritten Welt – theoretisch – ihrerseits unsolidarisch.

Die Frage muß aufgeworfen werden, ob die Tschechoslowaken der Sowjetunion nicht in einer Richtung davongelaufen waren, die die Sowjetunion selber eingeschlagen hat, ob der sowjetische Eingriff nicht ein Akt der Selbsterkenntnis ist, ein Versuch, auch noch einmal der chinesischen Kritik zuvorzukommen bzw. zu entsprechen, die endgültige Spaltung des sozialistischen Lagers aufzuhalten.

Die Rationalität des sowjetischen Verhaltens ist schwer ausmachbar; daß es moralisch zu verurteilen ist, besagt wenig. Der Schock muß aufgearbeitet werden.

Nr. 10, 1968

Am 21. August 1968 marschierten sowjetische und andere Truppen der Staaten des Warschauer Pakts in die CSSR ein und bereiteten dem *»Prager Frühling«* unter Dubček ein gewaltsames Ende.

Die Frauen im SDS oder In eigener Sache

Daß Tomaten und Eier sehr gut geeignet sind, Öffentlichkeit herzustellen, wo andernfalls die Sache totgeschwiegen worden wäre, ist seit dem Schahbesuch sattsam bekannt. Als Verstärker von Argumenten haben sie sich schon mehrfach als nützlich erwiesen. Aber die Studenten, die da den Schah besudelten, handelten doch nicht in eigener Sache, eher stellvertretend für die persischen Bauern, die sich zur Zeit nicht wehren können, und die Tomaten konnten nur Symbole sein für bessere Wurfgeschosse. Ob man das für gut hielt, war eine Frage des mühsam erworbenen Wissens, der eigenen Entscheidung, der selbstgewählten Identifikation. Die Welt von CIA und Schah wird mit Tomaten nicht verändert, worüber diese Leute noch nachdenken könnten, darüber haben sie schon nachgedacht.

Die Tomaten, die auf der Frankfurter Delegiertenkonferenz des SDS geflogen sind, hatten keinen Symbolcharakter. Die Männer, deren Anzüge (die Frauen wieder reinigen werden) bekleckert wurden, sollten gezwungen werden, über Sachen nachzudenken, über die sie noch nicht nachgedacht haben. Nicht ein Spektakel für eine alles verschweigende Presse sollte veranstaltet werden, sondern die waren gemeint, die sie an den Kopf gekriegt haben. Und die Frau, die die Tomaten warf, und die, die die Begründung dazu geliefert hatten, die redeten nicht aufgrund entlehnter, mühsam vermittelter Erfahrung, die sprachen und handelten, indem sie für unzählige Frauen sprachen, für sich selbst. Und es scherte sie einen Käse, ob das, was sie zu sagen hatten, das ganz große theoretische Niveau hatte, das sonst im SDS anzutreffen ist, und ob das alles haargenau hinhaut und ob auch der *Spiegel* ihnen zustimmen würde, wären sie doch erstickt, wenn sie nicht geplatzt wären. Ersticken doch täglich Millionen von Frauen an dem, was sie alles herunterschlucken, und essen Pillen dagegen – Contergan, wenn sie Pech haben – oder schlagen ihre Kinder, werfen mit Kochlöffeln nach ihren

Ehemännern, motzen und machen vorher die Fenster, wenn sie einigermaßen gut erzogen sind, zu, damit keiner hört, was alle wissen: daß es so, wie es geht, nicht geht.

Der Konflikt, der in Frankfurt nach, ich weiß nicht wie vielen, Jahrzehnten wieder öffentlich geworden ist – wenn er es so dezidiert überhaupt schon jemals war –, ist kein erfundener, keiner, zu dem man sich so oder so verhalten kann, kein angelesener; den kennt, wer Familie hat, auswendig, nur daß hier erstmalig klargestellt wurde, daß diese Privatsache keine Privatsache ist.

Der *Stern*-Redakteur, der die Sache griffig abgefieselt hat – seit Jahren schwele im SDS die Auseinandersetzung über die Unterdrückung der weiblichen Mitglieder –, hat nur noch nicht gemerkt, daß gar nicht nur von der Unterdrückung der Frauen im SDS die Rede war, sondern sehr wohl von der Unterdrückung seiner eigenen Frau, in seiner eigenen Familie, durch ihn selbst. Der *konkret*-Redakteur, der die Sache mit den Tomaten als einen Zwischenfall unter anderen auf der Delegiertenkonferenz erlebte, und diese Frauen, die ausdrücklich den autoritären Ruf nach dem Gesetzgeber ablehnen, als »Frauenrechtlerinnen« apostrophierte; auch der, wenngleich gemeint, hat sich noch nicht getroffen gefühlt, wohl weil er nicht getroffen wurde. Und Reimut Reiches Vorschlag für die Frauen, doch einfach den Geschlechtsverkehr zu verweigern, bestätigte Helke Sanders Vorwurf, daß die Männer den Konflikt noch ganz verdrängen, wollte auch er ihn doch in jene Privatsphäre zurückverweisen, aus der er eben erst durch Referat mit Tomaten ausgebrochen war.

Diese Frauen aus Berlin in Frankfurt wollen nicht mehr mitspielen, da ihnen die ganze Last der Erziehung der Kinder zufällt, sie aber keinen Einfluß darauf haben, woher, wohin, wozu die Kinder erzogen werden. Sie wollen sich nicht mehr dafür kränken lassen, daß sie um der Kindererziehung willen eine schlechte, gar keine oder eine abgebrochene Ausbildung haben oder ihren Beruf nicht ausüben können, was alles seine Spuren hinterläßt, für die sie in der Regel selbst wieder verantwortlich gemacht werden. Sie haben klargestellt, daß die Unvereinbarkeit von Kinderaufzucht und außerhäuslicher Arbeit nicht ihr persönliches Versagen ist, sondern die Sache der Gesellschaft, die diese Unvereinbarkeit gestiftet hat. Sie haben allerhand klargestellt. Als die Männer darauf nicht eingehen wollten, kriegten sie Tomaten an den Kopf. Sie haben nicht rumgejammert und sich nicht als Opfer dargestellt, die Mitleid beantragen und Verständnis und eine Geschirrspülmaschine und Gleichberechtigung und Papperlapapp. – Sie haben angefangen, die Privatsphäre, in der sie hauptsächlich leben, deren Lasten ihre Lasten sind, zu analysieren; sie kamen darauf, daß die Männer in dieser Privatsphäre objektiv die Funktionäre der kapitalistischen Gesellschaft zur Unterdrückung der Frau sind, auch dann, wenn sie es subjektiv nicht sein wollen. Als die Männer darauf nicht eingehen konnten, kriegten sie Tomaten an den Kopf.

Nicht dem permanenten Ehekrach soll das Wort geredet werden, sondern der Öffentlichkeit des Krachs, da, wo Kommunikation und Verständigung herstellbar sind, zwischen denen, die im Affekt nach Wurfgegenständen greifen, damit Argumente mal zum Zuge kommen und nicht nur die Überlegenheit des Mannes aufgrund seiner gesellschaftlich überlegenen Stellung.

Wenn Frankfurt für die Frauen ein Erfolg war, dann eben deshalb, weil schon ein paar Sachen richtig beim Namen genannt wurden, weil das ziemlich ohne Ressentiment und Jämmerlichkeit gelang, weil die paar Frauen, die das in Frankfurt gemacht haben, organisatorisch schon etwas hinter sich haben und ein paar Monate (nicht Jahre, wie Bissinger meint) Frauenarbeit dazu, Erfahrungen mit Möglichkeiten und Schwierigkeiten.

Es kann jetzt nicht das Interesse der Frauen sein, daß der SDS sich die Frauenfrage zu eigen macht. Wenn er die Frauen unterstützt, gut, aber keine Bevormundung. Die Reaktion der Männer auf der Delegierten-Konferenz und die auch der immer noch wohlwollenden Berichterstatter zeigte, daß noch erst ganze Güterzüge von Tomaten verfeuert werden müssen, bis da etwas dämmert. Die Konsequenz aus Frankfurt kann nur sein, daß mehr Frauen über ihre Probleme nachdenken, sich organisieren, ihre Sache aufarbeiten und formulieren lernen und dabei von ihren Männern erstmal nichts anderes verlangen, als daß sie sie in dieser Sache in Ruhe lassen und ihre tomatenverkleckerten Hemden mal alleine waschen, vielleicht weil sie gerade Aktionsratssitzung zur Befreiung der

Frau hat. Und er soll die blöden Bemerkungen über den komischen Namen des Vereins sein lassen, denn wozu der Verein gut ist, wird sich an der Arbeit herausstellen, die er zu leisten imstande ist. Daß ihm Berge von notwendiger und schwieriger Arbeit bevorstehen, daran besteht seit Frankfurt überhaupt kein Zweifel mehr.

Nr. 12, 1968

Auf der 23. Delegierten-Konferenz des SDS im September 1968 in Frankfurt intervenierte der Berliner ›Aktionsrat für die Befreiung der Frau‹. Seine Sprecherin *Helke Sanders* warf den antiautoritären SDS-Autoritäten vor, in der Organisation würden die Frauen genauso unterdrückt wie sonst in der Gesellschaft. Als Hans-Jürgen Krahl, der nächste Redner, auf diesen Beitrag nicht einging, wurde er von den Frauen mit Tomaten beworfen. – *Manfred Bissinger:* damals Redakteur des ›Stern‹.

Warenhausbrandstiftung

Gegen Brandstiftung im allgemeinen spricht, daß dabei Menschen gefährdet sein könnten, die nicht gefährdet werden sollen.

Gegen Warenhausbrandstiftung im besonderen spricht, daß dieser Angriff auf die kapitalistische Konsumwelt – und als solchen wollten ihn wohl die im Frankfurter Warenhausbrandprozeß Angeklagten verstanden wissen – eben diese Konsumwelt nicht aus den Angeln hebt, sie nicht einmal verletzt, das, was sie treibt, selbst treibt, denen, die daran verdienen, Verdienste ermöglicht. Dem Prinzip, nach dem hierzulande produziert und konsumiert wird, dem Prinzip des Profits und der Akkumulation von Kapital, wird durch einfache Warenvernichtung eher entsprochen, als daß es durchbrochen würde. Denn denen, die an der Produktion und dem Verkauf der in den Warenhäusern massenhaft angebotenen Güter verdienen, kann möglicherweise und gelegentlich kein größerer Gefallen getan werden als die kostenlose Vernichtung dieser Güter. Den Schaden – sprich Profit – zahlt die Versicherung. Dem Problem der Übersättigung auf dem Konsumgütermarkt inklusive stagnierender, weil nicht absetzbarer Produktion wäre damit mit einem Mittel abgeholfen, das sich so sehr nicht von den Mitteln unterscheidet, mit denen sich die Industrie bisher noch selbst zu helfen weiß. In Vance Packards Vision einer »Stadt der Zukunft« sind ohnehin schon »alle Gebäude aus einer besonderen Papiermasse, so daß sie jedes Frühjahr und jeden Herbst zur Zeit des großen Hausputzes abgerissen und neu gebaut werden können«. Und »jede vierte Fabrik liegt an einem steilen Abhang, und das Ende ihrer Fließbänder läßt sich sowohl nach den vorderen wie nach den rückwärtigen Toren schwenken. Ist die Nachfrage flau, wird das Ende des Fließbands zum rückwärtigen Tor geschwenkt, und der ganze Ausstoß an Kühlschränken oder anderen Erzeugnissen verschwindet in der Tiefe und wandert unmittelbar auf die Schrotthalde, ohne erst den Verbrauchsgütermarkt zu überschwemmen.« (Vance Packard, Die große Verschwendung, Frankfurt 1960)

Noch vollzieht sich die Vernichtung des gesellschaftlich

produzierten Reichtums nicht auf so spektakuläre Weise wie Brandstiftung und Direktbelieferung von Schrotthalden. Noch versucht die Industrie, der Übersättigung des Gebrauchsgütermarktes beizukommen durch »alle zwei Jahre ein neues Modell«; durch die Verschwendung von Millionen auf eine Forschung, die weniger der Verbesserung der Produkte, als ihrer Absetzbarkeit dient; durch den individuellen Mülleimer für sinnlose, nur teure, Profit ermöglichende Verpackungen (die Kosten für die Müllabfuhr trägt der Verbraucher); durch eine ebenso radikal verlogene wie kostspielige Werbung; Millionen an Arbeitszeit und -kraft und Geld werden vergeudet für den eingebauten Verschleiß (»Obsoleszenz«), das geplante Todesdatum, so daß die Eisschränke, Rasierapparate, Damenstrümpfe, das Spielzeug, die Glühbirnen viel eher kaputtgehen, als bei dem für sie aufgewendeten Material und der in sie vertane Zeit und Kraft notwendig wäre, um eine Nachfrage künstlich in Gang zu halten, um durch Produktion und Verbrauch Profitraten zu erzielen, die wieder privat investiert werden, nicht um gesellschaftliche Bedürfnisse zu befriedigen, sondern die Akkumulation von Kapital zu ermöglichen. (Was es im Kapitalismus gibt, gibt es im Warenhaus. Was es im Warenhaus nicht gibt, gibt es im Kapitalismus nur schlecht, nur unzulänglich, unzureichend: Krankenhäuser, Schulen, Kindergärten, Gesundheitswesen, etc. pp.) Immerhin, die Vernichtung gesellschaftlich produzierten Reichtums durch Warenhausbrand unterscheidet sich qualitativ nicht von der systematischen Vernichtung gesellschaftlichen Reichtums durch Mode, Verpackung, Werbung, eingebauten Verschleiß. So gesehen, ist Warenhausbrandstiftung keine antikapitalistische Aktion, eher systemerhaltend, konterrevolutionär.

Das progressive Moment einer Warenhausbrandstiftung liegt nicht in der Vernichtung der Waren, es liegt in der Kriminalität der Tat, im Gesetzesbruch. Das Gesetz, das da gebrochen wird, schützt ja die Menschen nicht davor, daß ihre Arbeitszeit und -kraft, der von ihnen geschaffene Mehrwert vernichtet, verdorben, vergeudet wird, daß sie durch Werbung über ihre eigenen Produkte belogen, durch Arbeitsorganisation und Verheimlichung von allen Informationen über ihre Produkte getrennt werden, als Produzenten wie als Verbraucher denen unterworfen und ausgeliefert sind, die sich den Profit aneignen und nach eigenem Gusto investieren. Nach eigenem Gusto heißt nach der Logik des Profits also da, wo neuer, mehr Mehrwert angeeignet werden kann, nicht da, wo das Geld effektiv und von allen gebraucht wird: also z. B. im Erziehungswesen, im Gesundheitswesen, für öffentliche Verkehrsmittel, für Ruhe und reine Luft und Sexualaufklärung etc.

Das Gesetz, das da gebrochen wird durch Brandstiftung, schützt nicht die Menschen, sondern das Eigentum. Das Gesetz bestimmt, daß fremdes Eigentum nicht zerstört, nicht gefährdet, nicht beschädigt, nicht angezündet werden darf. Die da Schindluder treiben mit dem Eigentum, werden durch das Gesetz geschützt, nicht die, die Opfer dieses Schindludertreibens sind, nicht die, die den Reichtum schaffen durch Arbeit und Konsum, sondern die, die ihn sich gemäß der Gesetzgebung im kapitalistischen Staat rechtmäßig aneignen. Das Gesetz soll die, die das alles produzieren, von ihren Produkten fernhalten. Und so desparat es auch immer sein mag, ein Warenhaus anzuzünden, dies, daß die Brandstifter mit den Produkten tun, was sie wollen, das Gesetz brechen, das nur den sog. Eigentümern erlaubt, mit ihrem Eigentum zu machen, was sie wollen, das Gesetz brechen, das die Logik der Akkumulation schützt, nicht aber die Menschen vor dieser Logik und ihren barbarischen Folgen, dieser Gesetzesbruch ist das progressive Moment einer Warenhausbrandstiftung, muß als solches erkannt und anerkannt werden, wird dadurch nicht ausgelöscht, daß die damit zusammenhängende Gütervernichtung eher systemerhaltend ist, materiell also der antikapitalistischen Intention widerspricht.

Hat also eine Warenhausbrandstiftung dies progressive Moment, daß verbrechenschützende Gesetze dabei gebrochen werden, so bleibt zu fragen, ob es vermittelt werden kann, in Aufklärung umgesetzt werden kann. Was können – so bleibt zu fragen – die Leute mit einem Warenhausbrand anfangen? Sie können das Warenhaus plündern. Der Ghetto-Neger, der brennende Geschäfte plündert, erfährt, daß das System nicht zusammenbricht, wenn er sich kostenlos beschafft, was er dringend braucht, sich aber aufgrund seiner Armut und Arbeitslosigkeit nicht kaufen kann, er kann lernen, daß ein System faul ist, das ihm vorenthält, was er zum Leben braucht. Die Waren dagegen, die Frankfurter aus Frankfurter Kaufhäusern wegschleppen könnten, wären kaum die, die sie wirklich brauchen. (Ausgenommen Geschirrspülmaschinen, die in den Statistiken über Haushaltsgeräte in deutschen Haushalten noch kaum vorkommen, obwohl es fast 10 Millionen erwerbstätige Frauen in der Bundesrepublik gibt, viereinhalb Millionen davon sind verheiratet, sie müßten sie alle haben. Die sind aber nicht nur zum Kaufen zu teuer, sondern zum Wegschleppen auch zu schwer.) Bei einer Warenhausplünderung hierzulande würde nur der Bestand an Sachen in einigen Haushalten vergrößert, die ohnehin nur der Ersatzbefriedigung dienen, jener »private Mikrokosmos« würde perfektioniert, über den einsam zu herrschen den einzelnen über die Bedingungen hinwegtrösten soll, unter denen er als gesellschaftlicher Produzent zu arbeiten gezwungen ist (André Gorz, Zur Strategie der Arbeiterbewegung im Neo-Kapitalismus, Frankfurt 1967). Jene kollektiven Bedürfnisse, die in reichen kapitalistischen Ländern eklatant unbefriedigt bleiben, würden davon nicht berührt, können durch Warenhausbrandstiftung nicht bewußt gemacht werden.

So bleibt, daß das, worum in Frankfurt prozessiert wird, eine Sache ist, für die Nachahmung – abgesehen noch von der ungeheuren Gefährdung für die Täter, wegen der Drohung schwerer Strafen – nicht empfohlen werden kann. Es bleibt aber auch, was Fritz Teufel auf der Delegiertenkonferenz des SDS gesagt hat: »Es ist immer noch besser, ein Warenhaus anzuzünden, als ein Warenhaus zu betreiben.« Fritz Teufel kann manchmal wirklich sehr gut formulieren.

Nr. 14, 1968

Im April 1968 legten Andreas Baader, Gudrun Ensslin, Thorwald Proll und Horst Söhnlein zwei Brandsätze in ein Kaufhaus auf der Frankfurter Zeil; die Brandsätze verursachten einen hohen Sachschaden. Schon einen Tag später wurden die vier verhaftet. Im Prozeß, der im Oktober des Jahres stattfand, erklärten sie, sie hätten die Kaufhäuser niederbrennen wollen, »um gegen die Gleichgültigkeit der Gesellschaft gegenüber den Morden in Vietnam zu protestieren«. Die Angeklagten wurden für die Aktion – die erste guerilla-ähnliche – jeweils zu drei Jahren Zuchthaus verurteilt.

Sozialdemokratismus und DKP

Rudi Dutschke schreibt in seinem neuen, diesmal nirgendwo vorabgedruckten Vorwort zu den Briefen, die er nach dem Attentat bekam: »Jetzt in der Phase des scheinbaren Rückschlags des antiautoritären Lagers... erscheint die DKP. Sie hat keine andere Funktion, als das Lagerbewußtsein zu schwächen, es zu demoralisieren und die Bewegung zu integrieren – in DKP, SPD usw.«[1] Die Gründer der DKP dagegen sind der Meinung, ihre Partei werde »das politische Leben in der Bundesrepublik bereichern und der Tätigkeit der sozialistischen und demokratischen Kräfte in unserem Lande Auftrieb geben«.[2] Ist man schon hier geneigt, zu sagen: entweder – oder, entweder politisches Leben bereichern oder..., so kommt es bei näherem Hinsehen schlimmer.

Diese Partei beruft sich auf Rosa Luxemburg und Karl Liebknecht, auf Bebel und Thälmann – kritik- und unterschiedslos – und legt programmatische Erklärungen vor, die einen am ehesten noch an das Godesberger Programm der SPD erinnern. Wobei nicht der Mangel an revolutionären Phrasen, sondern das Übermaß an sozialdemokratischen auffällt. Sie will nicht nur das politische Leben bereichern, die »Demokratie erneuern«, dem »Ansehen der Bundesrepublik im Ausland förderlich« sein, sie will auch »konstruktive vorwärtsweisende Lösungen« erarbeiten, die diesem Land mit seinen »reinen wirtschaftlichen Möglichkeiten und einer fleißigen, tüchtigen Bevölkerung« (woraus man wird schließen dürfen, daß es auch faule, untüchtige Völker gibt) den Weg zum Sozialismus weisen. Natürlich ist sie auch gegen den »schmutzigen Krieg der USA in Vietnam«, den Hinweis darauf aber, daß die reichen wirtschaftlichen Möglichkeiten hierzulande etwas mit den Kriegen in der Dritten Welt zu tun haben, sucht man bereits vergeblich.

Außenpolitisch auf Augstein-Kurs (Anerkennung der DDR, der Oder-Neiße-Grenze, Abrüstung, europäisches Sicherheitssystem usw.) ist sie innenpolitisch der SPD kaum weiter voraus als deren Godesberger Programm, reformistisch, auch dann, wenn das Fernziel Sozialismus zwischendurch erwähnt wird. Zusammenhänge bleiben unklar. Mögen die Sorgen dieser Partei um ihre Legalität berechtigt sein, so ist ihr doch die Legalität zum Fetisch geworden, was da legal geworden ist, ist kommunistischer Sozialdemokratismus.

Hieß es im Godesberger Programm, »Gemeineigentum« sei »eine... Form der öffentlichen Kontrolle, auf die kein moderner Staat verzichtet«, so nennt die DKP die gewerkschaftliche Forderung nach Überführung von Schlüsselindustrien in öffentliches Eigentum: »aktuell und zeitgemäß«. Fanden die Godesberger: »Demokratie verlangt Mitbestimmung der Arbeitnehmer in den Betrieben und in der ganzen Wirtschaft. Der Arbeitnehmer muß aus einem Wirtschaftsuntertanen zu einem Wirtschaftsbürger werden«, so meint die DKP: »Im Mittelpunkt einer demokratischen Wirtschaftspolitik muß die Mitbestimmung der Arbeitenden in Betrieben, Unternehmen und Staat als erstem Schritt zur Einschränkung der Monopole stehen. Dies dient der sozialen Sicherung gegen Unternehmerwillkür.« Wie die Godesberger für Vollbeschäftigung und Steigerung volkswirtschaftlicher Produktivität sind, so auch die DKP. Und wie noch die Godesberger SPD wußte, daß »die gesellschaftlichen Kräfte, die die kapitalistische Welt aufgebaut haben, vor den Aufgaben unserer Zeit versagen, die durch industrielle Revolution und Technisierung entstanden sind, so weiß es auch die DKP nicht besser, als daß eben die spätkapitalistische Gesellschaftsordnung unfähig ist, die grundlegenden sozialen und menschlichen Probleme unserer Zeit, besonders die Fragen, die mit der Umwälzung in Wissenschaft und Technik verbunden sind, zum Wohle des Volkes zu lösen«. Der Sozialismus, den beide meinen, kommt ziemlich aufs gleiche raus. SPD: »...eine Ordnung, die auf den Grundwerten des demokratischen Sozialismus aufbaut... eine menschenwürdige Gesellschaft, frei von Not und Furcht, frei von Krieg und Unterdrückung...«; DKP: »...eine Gesellschaftsordnung ohne Not und Ausbeutung, ohne Unsicherheit und Angst vor der Zukunft...«

Renten, Löhne, Mieten, Jahresurlaub, Lohnfortzahlung, Rationalisierungsschutzverträge und die Sicherung der Existenz bäuerlicher, handwerklicher und anderer mittelständischer Betriebe – für diesen ganzen Katalog von potentiellen

Wahlgeschenken verspricht diese Partei zu kämpfen, für diesen ganzen systemerhaltenden Gewerkschaftsplunder, mit dem den Arbeitern das Leben im Kapitalismus versüßt, nicht aber als menschenunwürdig und unerträglich zum Bewußtsein gebracht werden kann. Weiß die DKP – »die Partei des Kampfes um soziale Sicherheit und bessere Lebensverhältnisse« – nicht oder will sie nicht wissen, daß eben dies im Interesse des Kapitalismus liegt, daß das System eine solche Partei braucht, als ein Feigenblatt nicht nur, auch um die Unzufriedenheit, die sich verbreitet hat, in systemerhaltende Forderungen zu kanalisieren, damit keine systemsprengenden daraus entstehen? Rudi: »Die KPs in den Metropolen zeichnen sich gerade dadurch aus, daß sie die Auseinandersetzung nicht weitertreiben, sondern in die liberale Richtung ... führen.«

Weiß die DKP nicht, daß die Macht der Konzerne nicht durch politische »Alternativen« gebrochen wird, daß ein erhöhter Lebensstandard die Leute nur noch abhängiger macht von einer Konsumwelt, die sie in Atem und Illusionen gefesselt hält? Daß nicht technische Revolution ins Haus steht, sondern imperialistische Barbarei, daß der Kapitalismus nicht erst seit der Automation unfähig ist, die gesellschaftlichen Bedürfnisse der Menschen zu befriedigen, es vielmehr vor hundert Jahren schon war? Seit wann sind »Zeitgemäßheit« und »Aktualität« Wertbegriffe eines wisschenschaftlichen Sozialismus?

Diese Partei wirft der APO ihre Isolierung von den Massen vor und verbindet diesen Vorwurf mit der Behauptung, die APO beharre auf prinzipiellem Antiparlamentarismus und Antiinstitutionalismus.[3] Das heißt, diese Partei beteiligt sich auch noch an der Diffamierung der APO gegenüber den Massen, von denen isoliert zu sein, sie ihr vorwirft. Rudi Dutschke: »Heute würden Permanenzrevolutionäre, nicht Wortschwätzer (die Revolutionsdiskussion ist inzwischen von uns als Ersatz für die praktische Arbeit entlarvt worden), die in den Fabriken, in den landwirtschaftlichen Großbetrieben, in der Bundeswehr, in der staatlichen Bürokratie systematisch den Laden durcheinanderbringen, von allen Lohnabhängigen vollkommen akzeptiert werden ... Den ›Laden in Unordnung bringen‹ heißt nur, die Lohnabhängigen und andere mehr unterstützen, bei ihnen lernen, neue revolutionäre Fraktionen herauszubrechen. Die Permanenzrevolutionäre können immer wieder hinausgeworfen werden, immer wieder in neue Institutionen eindringen: Das ist der lange Marsch durch die Institutionen.« Was heißt hier Antiinstitutionalismus?

Der Zeitpunkt ist absehbar, zu dem bürgerliche Institutionen, wie z. B. Gerichte, den Antiautoritären vorhalten werden, sie hätten nicht einmal die Zustimmung der deutschen Kommunisten. So wie im Frankfurter Warenhausbrandprozeß in der Urteilsbegründung Bezug genommen werden konnte auf die Distanzierungen des SDS von der Tat im April, um die Härte des Urteils zu rechtfertigen. Diese Partei, so wie sie sich bisher vorgestellt hat, übernimmt die Funktionen der SPD in den fünfziger Jahren: Oppositionsspiele. Nirumand hat sie mal »Die Hure des Systems« genannt.

Anmerkungen

1 Briefe an Rudi D. mit einem Vorwort von Rudi Dutschke, Voltaire Verlag, Berlin. Alle Dutschke-Zitate sind diesem Vorwort entnommen.

2 Vgl. Erklärung zur Neukonstituierung einer kommunistischen Partei; Ziele und Aufgaben der DKP – aus dem Referat von Kurt Bachmann; Aufruf der DKP-Konferenz, die beiden letzteren abgedruckt in Bonner Korrespondenz vom 31. 10. 1968.

3 Vgl. Extra-Dienst vom 9. 11. über den Gründungskongreß eines Aktionsbündnisses zur Bundestagswahl 1969 in Dortmund.

Nr. 15, 1968

Im September 1968 wurde in Frankfurt/Main – im wesentlichen von alten KPD-Funktionären – die ›Deutsche Kommunistische Partei‹ (DKP) gegründet. – *Bahman Nirumand:* damals in West-Berlin lebender Iraner; er schrieb das für den Antiimperialismus und Internationalismus der Revolte wichtige Buch: Persien. Modell eines Entwicklungslandes (Reinbek 1967).

Aktenzeichen XY – aufgelöst

In erster Linie ist die Fernsehunterhaltungssendung »Aktenzeichen XY ungelöst« ein großangelegter, phantastischer Massenbetrug. Da gehen also einmal im Monat am Freitagabend ein paar Millionen deutsche und österreichische Fernsehzuschauer auf Verbrecherjagd, helfen der Polizei, Leute zu finden, gegen die ein Haftbefehl vorliegt; werden mit den erschrecklichen Taten wirklicher, lebender Ganoven bekanntgemacht, sind Augenzeuge, wie Hinweise eingehen; harren tapfer vor dem Bildschirm aus, nicht nur von acht bis neun, warten auch bis halb elf auf die ersten Fernsehergebnisse, auf letzte Hinweise von Eduard Zimmermann, um dem – »wie wir alle wissen« (Zimmermann) – ansteigenden Verbrechertum Einhalt zu gebieten. Der Betrug ist ein doppelter: Erstens wird den Leuten das Gefühl vermittelt – deshalb, behauptet Zimmermann, sei die Sendung so beliebt –, hier geschehe wirklich etwas, hier werde nicht nur geredet, sondern auch wirklich gehandelt. Zweitens werden die Leute glauben gemacht, sie hätten an diesem Geschehen aktiven Anteil, weil sie mitmachen dürfen und weil das, was geschieht, ihr ureigenes, persönliches Interesse sei: Der Ganove, den wir heute gemeinsam zu fassen kriegen, kann dich und mich morgen nicht mehr über's Ohr hauen. Der Betrug besteht darin, daß nichts geschieht und daß der Betrüger und der Mörder und der Dieb, der mir da namentlich vorgeführt wird, mit an Sicherheit grenzender Wahrscheinlichkeit nicht der sein wird, der mich morgen oder übermorgen reinlegt. Von den 45 durch die Fernsehsendung gesuchten Personen sind im Verlauf eines Jahres 30 gefaßt worden. 30 von zig Tausenden, die frei herumlaufen. Von wirksamer Verbrechensbekämpfung, im Sinne der Sendung, dürfte nicht im geringsten die Rede sein. Die Mitverantwortung, die den Zuschauern suggeriert wird, ist rein quantitativ barer Unsinn – die zwei, derentwegen Millionen von Zuschauern am 13. Dezember gebeten wurden, bis halb elf aufzubleiben, sind nur 2 von Tausenden – was soll der Unsinn? Wieso fallen die Leute auf den Zauber rein?

Die Sendung ist gut gemacht. Sie hat Unterhaltungscharakter auf Kriminiveau. Es ist ja auch die Unterhaltungsabteilung des Zweiten Deutschen Fernsehens, die sie für die Bundesrepublik und Österreich ausstrahlt.

Und möglicherweise sind mehr Leute unter den Zuschauern, als man – ärgerlich über die Sendung – annehmen möchte, die auf den Betrug gar nicht reinfallen, sondern sich nur amüsieren.

Immerhin – gehen wir von Eduard Zimmermanns Selbstverständnis aus, von dem, was er in der 10., der Jubiläumssendung, zu seiner Rechtfertigung preisgab, was er will, was die objektive Funktion dieser Sendung ihrem Selbstverständnis nach ist. Hier würde gehandelt, hier würde endlich etwas getan, hieß es, und weiter: Wenn es uns nicht gelänge, das ansteigende Verbrechertum zu bremsen, dann bestünde die Gefahr, daß wieder ein starker Mann – wie gehabt; und schließlich sollte man an die Opfer denken, die Bestohlenen, die Geschändeten, auch sie seien Menschen.

Es wird nicht gehandelt, und die Selbsttätigkeit der Zuschauermassen findet in Wirklichkeit nicht statt. Die von der Sendung ausgehende Suggestion aber dürfte dem Bedürfnis vieler entgegenkommen, aus der Rolle des Befehlsempfängers im Beruf und des Konsumenten in seinem Privatleben einmal herauszukommen, aus der permanenten Ohnmacht, Spielball zu sein, nicht Subjekt des eigenen Lebens, sondern Objekt fremder Interessen. Das Gefühl, einflußlos zu sein, daß die oben ja doch machen, was sie wollen, das Gefühl der Isolation in der eigenen Wohnstube, das Bedürfnis, mit der Faust auf den Tisch zu hauen – dem allen kommt die Sendung entgegen, deshalb wird der Betrug ertragen, weil er einem Bedürfnis nach Selbsttätigkeit entspricht, dem Bedürfnis, keine Null, kein Rädchen im Getriebe, sondern einzelner, ein als einzelner Angesprochener zu sein, auf den es als einzelnen ankommt.

Die Deutschen haben – wie wir wissen – von Politik die Nase voll, sie können sich politisches Engagement weitgehend nur noch als nationalsozialistisches vorstellen, womit sie reingefallen sind. Nun kommt der Herr Zimmermann und sagt ihnen, sie müßten bei der Verbrechensbekämpfung helfen, sonst käme ein neuer Hitler und täte es für sie.

Demnach war Hitler also ein Verbrechensbekämpfer, dabei ist er über das Ziel hinausgeschossen, gewiß, weshalb wir dem nächsten zuvorkommen sollten, selbst Sauberkeit im Staat herstellen, jeder sein eigener starker Mann, selbst groß. Womit das Gefühl der Größe, das Hitler den Deutschen gab, herübergerettet wäre. Womit auch die Anhänglichkeit der Deutschen an ihren Führer eine späte Rechtfertigung erfährt, womit die Bereitschaft der Deutschen, sich politisch zu engagieren, wieder geweckt werden könnte, die historische Kontinuität wieder hergestellt – den Deutschen Gelegenheit gegeben wäre, sich von den Demütigungen der Nachkriegszeit zu erholen.

Die Opfer schließlich, die bestohlenen, die geschändeten, seien auch Menschen, behauptet Zimmermann. Eine merkwürdige Behauptung angesichts der Tatsache, daß das noch nie einer bestritten hat. Um so merkwürdiger im Zusammenhang mit der Drohung mit dem starken Mann, von dessen Opfern hier doch gar nicht die Rede ist. Hier werden doch nicht NS-Verbrecher gesucht, KZ-Wächter, Kammergerichtsräte beim Volksgerichtshof, wie dieser Rehse, der kürzlich in Berlin freigesprochen wurde. Zimmermann schlägt seinen Zuschauern vor, sich mit den Opfern von betrügerischen Pferdehändlern, von Mädchenschändern, von Brillantenräubern, Titelfälschern, Automatenknackern zu identifizieren. Wie macht man das – wenn man nicht ein gerüttelt Maß an Selbstmitleid parat hat? Selbstmitleid zum Beispiel wegen erlittener, unbegriffener Demütigungen wegen der nationalsozialistischen Vergangenheit, wegen verlorener Ostgebiete, Entnazifizierung etc. Woher sonst nimmt dieser Zimmermann die Unverfrorenheit, im Anschluß an die Rede vom starken Mann nicht von den Opfern des Nationalsozialismus zu reden, sondern von den Opfern alltäglicher Kriminalität – wenn nicht in Anspielung auf das vorhandene, latente Selbstmitleid der Deutschen, einem Produkt ihrer unbegriffenen Geschichte?

Wir wissen – von Freud, Reich, Mitscherlich u. a. –, daß wir Deutschen mehr Schwierigkeiten als andere mit unseren unterdrückten Aggressionen haben, weil wir die, die wir hassen müßten, die unsere Aggressionen unterdrücken und unterdrückt haben – Vorgesetzte, Eltern, die da oben –, nicht hassen dürfen. Wir haben die Juden gehaßt und die Kommunisten. Die Juden geht nicht mehr, die Kommunisten – scheint es – zieht nicht mehr, die Studenten – das verbietet derzeit noch der demokratische Überbau. Zimmermann schlägt uns die Kriminellen vor. Er erklärt sie zum Sündenbock der deutschen Geschichte – deshalb kam Hitler –, er macht sie zum Sündenbock unserer Gegenwart, an dem sich politisches Unbehagen – damit kein neuer Hitler kommt – entladen kann. Mitscherlich: »Sündenböcke werden in Fremdgruppen gesucht; die Unvertrautheit mit ihnen wird aber aktiv konserviert (man will nichts von ihnen wissen), damit sie von den Gruppen widerspruchsfrei und schuldfrei... benutzt werden können.« (Alexander und Margarete Mitscherlich, Die Unfähigkeit zu trauern – Grundlagen kollektiven Verhaltens, München 1968, S. 98/99).

Was wissen Herr Zimmermann und seine Zuschauer über die Ursachen von Kriminalität? Was wissen Herr Zimmermann und seine Zuschauer über die katastrophalen Zustände im deutschen Strafvollzug? Vermutlich nichts. Deshalb kann man sie verteufeln, diese kleinen und großen Gesetzesbrecher, deren Taten allesamt Bagatellen sind, verglichen mit den Verbrechen des Nationalsozialismus. Deshalb kann man sie zu Haßobjekten machen und sich darüber hinwegsetzen, daß einer, der einmal einem Millionenpublikum von Fernsehzuschauern zur Beute hingeworfen worden ist, sich schwerlich davon wird erholen können, auch dann nicht, wenn sein Verfahren gelaufen, seine Strafe abgesessen ist.

Die Fernsehsendung Aktenzeichen XY ungelöst ist ein riesiger Betrug an den Zuschauern, der nicht durchschaut wird, weil er einer ganzen Reihe echter Bedürfnisse entgegenkommt. Sie dürfte nicht zuletzt eine Testsendung sein, vermittels derer feststellbar ist, inwieweit Kriminelle sich als Haßobjekte in Deutschland und Österreich eignen und inwieweit Deutsche und Österreicher auf diese faschistische Manier mobilisierbar und gleichzeitig kontrollierbar sind. Zimmermann behauptet, die Deutschen wären kein Volk von Denunzianten und Kopfjägern. Es wäre schön, wenn er recht behielte.

Nr. 17, 1968

Eduard Zimmermanns Sendung ›*Aktenzeichen XY ungelöst*‹, zum ersten Mal im Oktober 1967 ausgestrahlt, wurde am 13. Dezember 1968 zum zehnten Mal gesendet. – *Hans-Joachim Rehse* war im Dritten Reich Kammergerichtsrat am Volksgerichtshof in Berlin und dort verantwortlich für 231 Todesurteile. 1968 wurde er zu fünf Jahren Zuchthaus verurteilt und in der Revisionsverhandlung freigesprochen.

Kolumnismus

Kolumnisten haben Entlastungsfunktionen: Sie dürfen schreiben, wie und was sie wollen. So wird der Eindruck erweckt, in dieser Zeitung dürfte geschrieben werden, wie und was die Schreiber wollen.

Die Kolumne dürfte vom Leitartikel der Tageszeitungen abstammen. Aber während in den Tageszeitungen die Leitartikel von den Redakteuren geschrieben werden, wenigstens hauptsächlich von den Redakteuren, also den gleichen Leuten, die auch die Dreckarbeit machen und – tendenziell – den Inhalt der Zeitung bestimmen; während es außerdem die Tageszeitungen mit einem täglichen Wust von Nachrichten zu tun haben, so daß nur in Meinungsartikeln die Meinung der Redaktion zum Vorschein kommen kann (daß in deutschen Tageszeitungen Nachricht und Meinung selten streng getrennt werden, ist ein Kapitel für sich); während sich also in Tageszeitungen Leitartikel und redaktioneller Teil ergänzen, sind Kolumnisten redaktionelle Außenseiter. Kolumnisten haben auf den übrigen Inhalt des Blattes keinen Einfluß, die Redaktion hat keinen Einfluß auf sie. Sie werden relativ gut bezahlt, ihre Namen werden fett gedruckt. Kolumnen sind Luxusartikel, Kolumnisten sind Stars, in ihrer Badewanne sind sie Kapitän.

Zweierlei erwartet der Geldgeber von seinem Kolumnisten. Daß er sich ein eigenes Publikum erschreibt, möglichst eins, das ohne ihn die Zeitung nicht kaufen würde. Das ist der Profitfaktor. Ein Kolumnist, der das nicht leistet, wird über kurz oder lang gefeuert. Hinzu kommt der Prestige-Faktor. Seine eingezäunte Unabhängigkeit gibt der Zeitung den Geruch von Unabhängigkeit. Seine Extravaganz gibt ihr den Geruch von Extravaganz. Sein gelegentlicher Mut zu unpopulären Ansichten gibt ihr den Geruch von Mut zu unpopulären Ansichten. Indem sich der Verleger die Originalität, den Nonkonformismus und Eigensinn des Kolumnisten etwas kosten läßt, läßt er sich den schönen Schein etwas kosten, nicht nur um des Profits willen seine Zeitung zu machen, im Sinne jener klassischen Definition, daß die Zeitung eine Unternehmung sei, »welche Anzeigenraum als Ware produziert, die durch einen redaktionellen Teil absetzbar wird«. Wenn dann aufgrund eines Kolumnistenbeitrags gelegentlich auch noch Anzeigenaufträge verlorengehen, wird das als materieller Beweis für den Nonkonformismus der Zeitung erlebt.

Die Kehrseite der Kolumnisten-Freiheit ist die Unfreiheit der Redaktion. Da müssen Artikel »durchgeschrieben« sein, müssen verkäuflich sein, müssen Leserbedürfnisse platt befriedigt werden. Bei *konkret* nennt man das: Sex-Appeal, Horror-Appeal, Crime-Appeal, Oppositions-Appeal, Human-Touch. Da wird auf Termine gearbeitet: In einer Woche ein Kommune-Artikel, von heute auf morgen über die Gerichtsverfahren, die in Teheran anstehen, mal schnell Wilhelm Reich zusammengekürzt, Mao-Zitate für Sex-Fotos montiert, ein paar Worte mit Biermann gewechselt. Ein guter Journalist ist auf Zack, schafft das, schafft alles, schreibt, auch wenn er nichts hat, schreibt, auch wenn er noch nicht fertig nachgedacht hat, schreibt, auch ohne die notwendigen Bücher vorher gelesen zu haben. Ein guter Journalist macht seinen Gegenstand zum Objekt, macht mit dem Objekt, was er will, die Leute, die entsetzt sind über das, was sie nachher über sich selbst lesen, haben eben keine Ahnung vom Journalismus, verdammt, es mußte alles so schnell gehen. Da sind die linken Studenten einfach zum Kotzen: Die halten keine Termine, die können sich nicht kurz fassen, nicht ausmehren, immer dies Wenn und Aber, quatsch nicht so viel, mach zu, die Setzerei wartet, die Druckerei wartet, die Grossisten warten. Der Kolumnist ist doch auch pünktlich. Daß der Kolumnist das auch mal gelernt hat, daß er mal die Gelegenheit hatte in seinem Leben, sich frei zu schreiben, daß der auch mal gestottert hat und Termine hat platzen lassen, überhaupt nur so nicht verbuttert worden ist, davon kein Wort. Davon kein Wort, daß der Kolumnist der beste Untertan des Verlegers ist, der Geld bringt, Prestige und regelmäßig so tut, als könnte man alle Themen der Welt auf immer der gleichen Länge abhandeln und pünktlich und überhaupt. Kolumnisten sind die Neger im State Departement, die Frauen in der Bundesregierung, Feigenblatt, Alibi, Ausrede.

Der Kolumnist ist dem autoritären Zugriff der Redaktion entzogen. Die Form der Kolumne ist autoritär genug, da kann nicht viel passieren.

Der Kolumnist ist ein von der Verlagsleitung ernannter Führer seiner Leser. Schlamm soll die ganz Rechten an die WamS binden, ich die ganz Linken an *konkret*, Haffners Funktion beim *Stern* dürfte so ähnlich sein, irgendwo dazwischen. Der Kolumnist kann seinen Platz nicht seinen Lesern zur Verfügung stellen. Wenn er einen weiß, der es viel besser machen würde, als er selbst, darf er ihn nicht bitten, an seiner Stelle zu schreiben. Das würde die Leser frustrieren, die sich nun einmal an den einen gewöhnt haben.

Kolumnismus ist Personalisierung. Die linke Position z. B., erarbeitet von vielen, wichtig geworden durch den Schritt von der Theorie zur Praxis im Sommer 67 und Winter 67/68, wird im Kolumnismus wieder zur Position Einzelner, Vereinzelter runtergespielt, auf den originellen, extravaganten, nonkonformistischen Einzelnen reduziert, der integrierbar, weil als einzelner ganz ohnmächtig ist. Als im Frühjahr 68 einige erfahrene Leute des anti-autoritären Lagers ein paar Seiten von *konkret* für sich haben wollten – so wie ich meine Seite und Haffner seine und Wallraff seine –, als die aber kollektiv auftraten, als kollektive Schreiber, als kollektive Verhandlungspartner (Nirumand, H. M. Enzensberger, Peter Schneider, Gaston Salvatore, Eckhard Siepmann und andere, erfahrene linke Autoren), scheiterte das Projekt – *konkret* wollte nicht mehrere Seiten an mehrere Leute abgeben, wollte mit jedem einzeln arbeiten, mit jedem einzeln verhandeln, einzeln ist jeder einzelne ohnmächtig, der Verleger ihm gegenüber mächtig – die Macht des Eigentümers bleibt nur so unangetastet, die Loyalität zwischen Autor und Zeitung gesichert, d. h. die Autoren von der Zeitung abhängig, nicht umgekehrt. Sendezeit für die APO im Sender Freies Berlin – *konkret* ist dafür; Demokratisierung der BZ- und Bild-Redaktionen – *konkret* ist einverstanden; 10 Seiten für die APO in *konkret* – das geht zu weit.

Eingezäunte Spielwiesenfreiheit für den Kolumnisten, auf Leserbedürfnisse spekulierender redaktioneller Teil, Lesermitbestimmung in Form von Leserabstimmung am Kiosk à la Springer, das sind natürlich nicht die schäbigen Erfindungen der Verleger, das ist nur marktkonformes Verhalten, Anpassung an die Mechanismen des Marktes. Der Vorwurf richtet sich gegen die Verinnerlichung der Marktgesetze bei den Verlegern, die Verinnerlichung des verlegerischen Profit-Interesses in den Redaktionen. Wir wollen keine Heiligen, wir verlangen nur, daß Widerstand geleistet wird und die Unterwerfung unter die Gesetze des Marktes nicht als freier Journalismus ausgegeben wird und die Kunst, Termine zu halten, nicht mit der Kunst, die Wahrheit unter die Leute zu bringen, verwechselt wird, und Redaktionsdemokratie nicht Sand im Getriebe ist und Kolumnistenfreiheit als das erkannt wird, was sie ist: Ein Prestige-, ein Profitfaktor, ein Leserbetrug, ein Selbstbetrug, Personenkult. Man muß Kolumnist sein, um Kolumnistenfreiheit als Kehrseite redaktioneller Unfreiheit beschreiben zu dürfen. Damit aus der Theorie keine Praxis wird, leistet man sich Kolumnisten, ohnmächtige Einzelne, Außenseiter, Stars.

Auf drei Spalten kann man nicht alles sagen, muß man vergröbern, Mißverständnisse in Kauf nehmen, Einseitigkeiten. Wie, wenn diese Zeitung sich tatsächlich einmal zur Diskussion stellte, der landauf landab grassierenden Kritik ihre Spalten öffnete, unredigiert und unängstlich. Opportunismus ist, wenn man die Verhältnisse, die man theoretisch zu bekämpfen vorgibt, praktisch nur reproduziert; wenn man sich zum angeblichen Zweck der Veränderung der Verhältnisse systemstabilisierender Mittel bedient; wenn man gegen Redaktionsdemokratie und APO-Kontrolle die Gesetze des Marktes, d. h. des Profits, ausspielt; wenn man die antiautoritäre Position in die autoritäre Form der Kolumne verdrängt, *konkret* ist weniger eine linke als eine opportunistische Zeitung.

Nr. 21, 1968

WamS: ›Welt am Sonntag‹, die Sonntagsausgabe der Springer-Tageszeitung ›Die Welt‹. *William S. Schlamm* war lange Zeit reaktionärer Kolumnist in diesem Blatt. – Im folgenden Heft von ›konkret‹ antwortete dessen Herausgeber Klaus-Rainer Röhl auf die Vorwürfe Ulrike Meinhofs: es gebe eben nur die Zeitschrift ›konkret‹, in der solches veröffentlicht werden könne.

Nixon

Der amerikanische Imperialismus produziert keine glanzvollen Figuren mehr. Nixon macht keinen Firlefanz – wie Kennedy, keine Kraftmeierei wie Johnson. Er selbst ein Bürokrat, ein alternder He-Man, mit dem kein »Staat« zu machen ist, vertritt er die Prioritäten des amerikanischen Imperialismus nach Lage der Dinge »illusionslos«, ohne Umschweife. Er kommt nach Europa, um die atlantische Gemeinschaft zu festigen, sich der europäischen Bündnis- und Handelspartner zu versichern. Dann will er sich mit den Sowjetführern treffen und verständigen über den Atomsperrvertrag, über Einschränkungen des Anti-Raketen-Programms, über Einsparungen also im amerikanischen Budget, um schließlich Luft und den Rücken frei zu kriegen für die Auseinandersetzungen in Südostasien, in Lateinamerika, in Afrika. Er macht das begeisterungslos. Der Bürokrat beansprucht weder für sich noch nach außen, daß seine Pflichterfüllung auch noch Spaß macht. Sein Programm steht fest – er hat sowieso keine Bewegungsfreiheit.

Der Vietnam-Krieg wird beendet werden. Die daraus resultierenden Probleme für die amerikanische Wirtschaft scheinen lösbar. Man wird dann rund eine Million zusätzliche Arbeitssuchende haben, die Rüstungsindustrie wird aber ziemlich unvermindert weitergehen, das in Vietnam zerstörte Material muß ergänzt und ersetzt werden, die Flugzeugindustrie kann ein bißchen auf Weltraumflug umschalten, die Entwicklungshilfe-Programme möchte man sowieso mehr als bisher auf die Europäer abwälzen. – Die Aufrechterhaltung der amerikanischen Vormachtstellung in der Welt wird sich mehr noch als bisher auf Waffengewalt stützen müssen. Wenn auch der Vietnam-Krieg den amerikanischen Imperialismus ökonomisch nicht geschwächt hat, so dürfte sein Ausgang doch die revolutionären Bewegungen überall in der Welt ermutigt haben. – Nixon bereitet die USA auf ein, zwei, viele Vietnam vor – dazu braucht er ein starkes, selbständiges Europa, dazu braucht er Frieden mit der Sowjetunion, dazu braucht er kein Charisma und keine Begeisterungsstürme. Dazu braucht er im eigenen Land ein verschärftes Taft-

Heartley-Gesetz, dazu braucht er mehr Polizeigewalt gegenüber den Bundesstaaten, dazu braucht er einen Vize, für den Farbige »Nigger« und »Japse« sind.

In seiner Inaugural-Rede hat er das alles ganz schlicht und unvermittelt zum Ausdruck gebracht, ohne viel Täuschungsmanöver à la Neue Grenzen und Große Gesellschaft. Bomben auf Vietnam, das nennt er da einfach Frieden stiften, und den amerikanischen Imperialismus setzt er einfach mit »der Menschheit« gleich, so wie alle herrschenden Klassen ihren Untergang bisher mit dem Weltuntergang gleichsetzten, und dann stottert er auch gar nicht mehr, sondern formuliert schlicht: »Die größte Ehre, die die Geschichte vergeben kann, ist der Titel eines Friedensstifters. Diese Ehre winkt nun Amerika. ... spätere Generationen werden von uns, den jetzt Lebenden, sagen, ... daß wir dazu beigetragen haben, die Welt für die Menschheit sicher zu machen. Dies ist unsere Aufforderung zur Größe.« Und denen, die daran zweifeln, predigt er »Güte, Anständigkeit, Liebe und Freundlichkeit«, denn »die Größe kommt in einfachem Gewand«.

Er hat zu Herzen gehend gesprochen, dieser Nixon, und in Berlin wird er sicher auch nicht sowas Dummes sagen, wie »Ich bin ein Berliner«, sondern eher sowas Dummes, wie in seiner Antrittsrede: »Wir werden bemüht sein, auf neue Weise zuzuhören – den Stimmen des stillen Schmerzes, den Stimmen, die wortlos reden, den Stimmen des Herzens, den verletzten Stimmen, den ängstlichen Stimmen, den Stimmen, die die Hoffnung aufgegeben haben, noch gehört zu werden. Wir wollen uns bemühen, die Draußenstehenden hereinzuholen. Den Zurückgebliebenen wollen wir helfen, wieder aufzuschließen.« Ein ungebrochener Kleinbürger, sentimental bis zum Geht-nicht-mehr, sicher einer, der sich BILD-Lesern verständlich machen kann, den keine Überlegungen verunsichern würden – er würde sie nicht verstehen.

Er kommt nach Berlin, um die Berliner einmal mehr mit Freiheitsphraseologie darüber hinwegzutäuschen, daß sie nichts sind als ein Spielball imperialistischer Politik. Um dem Antikommunismus Auftrieb zu geben, um das Prestige der Bürokraten in Bonn und Berlin ein bißchen aufzuwerten, um ihnen wohl auch Mut zu machen im Umgang mit der sozialistischen Linken – immerhin sind Vorbeugehaft und Waffengebrauch aus Anlaß seines Besuches geplant. Und es sollen Gespräche im Gang sein, wonach die amerikanische Besatzungsmacht am Tag des Nixon-Besuches von ihrem Recht Gebrauch machen könnte, die Unterstellung der Bereitschaftspolizei unter ihren Befehl zu fordern. Dies und die Absicht, Berliner Arbeitermassen zu Nixons Empfang auf die Straße zu schicken, nicht nur zum Jubeln und Spalier-Stehen, auch um demonstrierende Linke zusammenzuschlagen – das dürfte auf den Versuch hinauslaufen, mit der außerparlamentarischen Opposition kurzen Prozeß zu machen, Ruhe und Ordnung wieder herzustellen, und zwar endgültig, nun nicht mehr »mit allen Mitteln des Rechtsstaates«, sondern nur noch »mit allen Mitteln«. Die Pekingrundschau schrieb über Nixons Antrittsrede einfach: Es ist schon zum Totlachen, wenn man einen Wolf zum Schaf sagen hört: »Laß uns zusammen etwas unternehmen.« Während er es verschlingt.

Die Präsidentschaft Nixons ist eine Präsidentschaft der verschärften Konflikte. Daß die Linke in der Bundesrepublik und West-Berlin es nicht verhindern konnte, daß er hierher kommt, ist ein Zeichen ihrer Schwäche; daß der Berliner Senat sich nicht mehr anders zu helfen weiß, als ihn nach Berlin zu bitten, zeigt aber auch die Stärke der Linken. Sie sollte sich nur auch in Zukunft nicht das Gesetz des Handelns von der anderen Seite aufzwingen lassen.

Nr. 5, 1969

Im Herbst 1968 wurde *Richard M. Nixon* zum Präsidenten der USA gewählt; 1969 besuchte er die BRD und West-Berlin. – Das *Taft-Heartley-Gesetz* aus dem Jahre 1947 war ein Anti-Gewerkschaftsgesetz: es verbot das closed-shop-Prinzip (also die Zwangsmitgliedschaft aller Arbeiter eines Betriebes in der Gewerkschaft) und ordnete zwischen Streikbeschluß und Streikbeginn eine »Abkühlungsfrist« von 60 Tagen an. – *Vize:* gemeint ist Nixons Vizepräsident Spiro Agnew.

Doof – weil arm

Hilfsschulkinder

Das heißt nicht mehr Hilfsschule, sondern Sonderschule für Lernbehinderte. Das sind nicht mehr Hilfsschulkinder, sondern lernbehinderte Kinder, so wie man nicht mehr Hilfsarbeiter sagt, sondern Jungarbeiter, und nicht mehr Prolet, sondern Mitarbeiter.

Dabei stellen im Schulsektor die neuen Worte durchaus den wohl respektablen Versuch dar, betroffene Kinder und Eltern zu schonen, sie vor der Diffamierung von außen und den eigenen Vorurteilen zu schützen. Auch drücken die neuen Worte eine gute Absicht aus: Früher waren die Hilfsschulen das Sammelbecken aller Schulversager, heute gibt es allerorts mehr oder weniger weit gediehene Bemühungen, die Schulen der Schulversager zu differenzieren: Schulen für gehbehinderte Kinder, für sehbehinderte und blinde Kinder, für schwerhörige Kinder, für das, was man verhaltensgestörte Kinder nennt u. a. Dabei sind die Stadtstaaten den Flächenstaaten weit voraus. In den Stadtstaaten – Hamburg, Bremen, Berlin – mit großer Bevölkerungsdichte und guten Verkehrsnetzen können die Kinder ihre Sonderschule mit öffentlichen Verkehrsmitteln erreichen. In den Flächenstaaten müßten es vielfach Internatsschulen sein, das ist teuer, so ist da der Mangel an geeigneten Einrichtungen größer noch als in den Stadtstaaten. Fragt man, was die Umbenennung von »Hilfsschule« in »Sonderschule für Lernbehinderte« für die Kinder selbst ausgemacht hat, wieviel Schutz ihnen die gute Absicht der Pädagogen vor Diffamierung bietet, kommt heraus, daß es wenig ist, viel zu wenig, um nicht zu sagen: Was da für die Kinder herausgekommen ist, ist nicht der Rede wert.

Hilfsschulkinder über sich selbst

Ich habe eine 9. Sonderschulklasse – 15jährige Kinder – gefragt, ob man bei ihnen zu Hause, auf der Straße, in der Nachbarschaft, in der Verwandtschaft wüßte, daß sie Sonderschulkinder sind.

Nein, haben die Kinder gesagt und *teilsteils* und: *Manche wissen es. Aber was man da so gesagt kriegt. Worte! Die kann ich hier gar nicht wiederholen.* Ich habe gefragt, ob sie sich wehren. *Nee, abhauen, einfach stehn lassen. Ich habe einem mal eine gescheuert, aber das bringt nur Ärger. Wenn mal Krach ist, heißt es immer, wir hätten angefangen. Wir sind immer an allem schuld. Eben weil wir auf der Sonderschule sind.*

Einer sagte: *Bei uns weiß es keiner. Nur meine Eltern. Mein Bruder und meine Schwester schon nicht. Die würden sich verplappern. Dann erfährt das mein Onkel und meine Tante – da wär was los. Mein Bruder würde vielleicht noch den Mund halten, aber die Kleine, die würde sich bestimmt verquatschen.* Und was würde dann passieren? *Ich sag doch – mein Opa und meine Tante und alle, die würden überhaupt nicht mehr mit uns reden. Das wissen wir doch.*

Der Junge ging schon seit sechs Jahren auf die Sonderschule und ebensolange verheimlichte die Familie das nicht nur der Nachbarschaft, sondern in der eigenen Verwandtschaft, gegenüber den kleineren Geschwistern. Der Junge: *Und das werden wir überhaupt immer verheimlichen!* – Sein Vater ist Malermeister; der Junge hatte vor Jahren eine Gehirnhautentzündung. Ein Malermeister kann sich das nicht leisten, ein Kind auf der Hilfsschule zu haben. Bei den Nazis hat es schließlich sogar Sterilisationsprogramme für Asoziale gegeben und Hilfsschullehrer haben Auskunft gegeben über die Herkunft ihrer Schulkinder. Der Makel, der der Hilfsschule anhaftet, sitzt tief. Der Vater hat Angst, daß ihm die Kundschaft wegbleibt.

Kein Selbstbewußtsein

Das Selbstbewußtsein von Hilfsschulkindern ist katastrophal. Sie haben keins. Und sie leiden zugleich unter ihren Minderwertigkeitsgefühlen.

Ein Junge in der Klasse: *Ich will Ihnen mal sagen, was der Unterschied zwischen Volks- und Hilfsschulkindern ist: Was hier sitzt, sind alles Gängster.* Die andern Kinder protestierten, wurden böse. *In der Volksschule sind von zehn Kindern zwei Gängster; bei uns sind unter zehn Kindern höchstens zwei anständige. – Woll'n wir uns das doch mal ansehn. Da drüben sitzen sechs Mann.* Da saßen vier Jungs und zwei Mädchen. *Sechs Mann. Wie viele davon haben schon mit der Polizei zu tun gehabt? Alle sechs. Jawohl. Siehste!* Betretenes Schweigen in der ganzen Klasse. Eine sagte noch: *Gängster, das ist doch ganz was anderes, das sind doch Verbrecher –* aber damit kam sie nicht durch.

Alle Kinder schmeißen Fensterscheiben ein beim Fußballspielen, alle Kinder fahren auf dem Bürgersteig mit dem Fahrrad, alle Kinder spielen gern auf verbotenen Baustellen. Der Pädagoge Busemann spricht in bezug auf Hilfsschulkinder von einer »Gesamtseelenschwäche«. Sie sind nicht quick, sie rennen nicht rechtzeitig weg, sie lügen schlecht, sie werden eher als andere Kinder erwischt. Und die Polizei, die sie erwischt, bestätigt für sie, was schon Nachbarn und Nachbarskinder ihnen eingebleut haben, daß sie Menschen zweiter Klasse sind. Eben nicht Kinder wie alle andern, die nur nicht so schnell laufen und lügen können, sondern schlechte Kinder. Eine sich ihnen gegenüber kriminell verhaltende Umwelt macht sie zu Kriminellen. *»Alles Gängster«.*

Möchtest du lieber...

...daß diese Schule eine Volksschule wäre? Diese Frage hat Ingeborg Kaufmann[1] 362 Schülern in 14 verschiedenen Sonderschulen gestellt. 64 Prozent der Kinder sagten: Ja – lieber eine Volksschule. Nur 27 Prozent sagten nein, 9 Prozent der Kinder mochten sich nicht festlegen.

Die Begründungen der Kinder dafür, daß sie es lieber hätten, wenn ihre Schule eine Volksschule wäre, hatten nichts mit der Sonderschule selbst zu tun. Keins der Kinder hat in dieser Untersuchung etwas gegen die Sonderschule gesagt. Allen Kindern ging es um das, was ihnen durch Diskriminierung angetan wird: *Weil man dann so ist, wie die andern Kinder. – Weil dat so fies ist, wenn die Kinder einem immer ausrufen: Hilfsschüler! – Meine Schwester sagt immer Bauklötzchenschülerin zu mir. – Man kriegt auf der Straße Prügel. – Die andern spielen gar nicht mehr mit einem. – Weil dat dann schön wär, mit der Volksschule vertragen. – Da kriegt man immer eine rote Kopp, wenn man sagen muß, man wär in der Schul. – Brauch ich nicht schwindeln, wenn die Leute fragen.*

– Dann würden die Leute auch nicht so dumm gucken und sagen: soo doof sieht das Kind gar nicht aus.

Auch die von Ingeborg Kaufmann befragten Kinder kamen auf die Schwierigkeiten ihrer Eltern, die ihnen daraus entstehen, daß ihre Kinder auf der Sonderschule sind: *Es ist nur wegen Vati. Vati brauchte sich im Betrieb nicht zu schämen. Meine Oma hat doch eine Wirtschaft... – Meine Mutter möchte auch, daß ich in der Volksschule wäre.*

Die Kinder, die sich für die Sonderschule entschieden, begründeten das auch mit der Sonderschule. *Weil man hier mehr gelernt kriegt. – Hier hab ich lesen gelernt! – Hier hat man mehr Freud mit die Lehrpersonen. – Weil unser Fräulein so gut ist.*

Klassenlage – Klassenleiden

Das ist eines der grausamen Vorurteile, mit denen diese Kinder zusätzlich zu kämpfen haben, daß die Leidensfähigkeit von Menschen, ihre Sensibilität und Verletzbarkeit etwas mit ihrer Intelligenz zu tun haben soll, daß Leute auf den unteren Stufen der Sozialskala kein Bewußtsein davon hätten, wie dreckig es ihnen geht, nicht darunter leiden. Als wäre nicht nur Bildung ein Privileg der herrschenden Klassen, sondern auch Empfindsamkeit, Sensibilität und Leidensfähigkeit. Frauen an idiotischen Arbeitsplätzen – wird gesagt – merkten das nicht so, litten weniger unter der Monotonie ihrer Arbeit als ein intelligenter Mensch leiden würde. Neger litten nicht so unter der Rattenplage in den Ghettos wie Weiße leiden würden. Dumme Kinder litten nicht so unter gesellschaftlicher Diskriminierung wie kluge Kinder leiden würden. So rechtfertigt eine Klassengesellschaft die Unterdrückung der Unterdrückten.

Die Gießener Psychologie-Professorin Hildegard Hetzer hat schon in den dreißiger Jahren eine Untersuchung über »Kindheit und Armut«[2] vorgelegt, in der sie bewiesen hat, daß arme Kinder ebenso unter ihrer Armut leiden, wie gepflegte Kinder darunter leiden würden: »Man hat sich nur zu gerne damit beruhigt, daß der Arme subjektiv gar nicht so sehr unter den Folgen seiner Armut leide. Man hat diese Ansicht mit der Behauptung gestützt, daß der Arme eben subjektiv viele Bedürfnisse gar nicht kennt, deren Unerfülltsein dem wohlgepflegten Menschen unerträglich wird, daß er an das Ertragen von Armut von Klein auf gewöhnt, gegen ihre Wirkungen abgestumpft ist, daß er überhaupt nicht in demselben Maß Leid zu erleben fähig ist, wie der gepflegte Mensch. Daß diese Anschauung durchaus unzulässig ist und Armutserlebnisse auch beim Kinde sehr viel häufiger sind, als man schlechthin anzunehmen geneigt ist, kann heute schon bewiesen werden.« Heute schon – das war 1937.

Kinderängste

Hilfsschulkinder haben Tricks, wie sie der Diskriminierung zu entgehen versuchen. Sie fahren mit dem Bus eine Haltestelle zu weit, so weit, wie auch die Volksschulkinder fahren. Dann denkt der Fahrer und die andern Fahrgäste und die Leute auf der Straße, sie wären Volksschulkinder. Sie nehmen weite Umwege in Kauf. Sonderschullehrer erzählen, daß fast ihre halbe Schule solche Verschleierungsmanöver betreibt. Obwohl sie zugleich erzählen, daß ihre Kinder Stubenhocker sind, sich während der Pausen in den Klassen rumdrücken. Angsthasen, keine Tobekinder. Sie nehmen weite Umwege in Kauf, um zu verstecken, daß sie auf die Sonderschule gehen.

Ein kleiner Junge fragt den Sonderschullehrer beim Test für die Hilfsschule: *Sagen Sie mal, ob ich hierher muß. Sie können mir das doch schon mal sagen. Sie müssen das doch wissen. Wenn ich nämlich nicht hierher muß, krieg ich von meiner Mutter eine Uhr.*

Beim Fotografieren von Hilfsschulkindern war es für unseren Fotografen kein Problem, die Erlaubnis dazu vom Schulrat, Rektor und von Lehrern zu bekommen. Wer sich verzweifelt gegen das Fotografieren der Kinder wehrt, sind die Eltern. Sie haben panische Angst, daß andere Leute erfahren könnten, daß ihre Kinder auf so einer Schule sind, begründete, keine eingebildete Angst. Und wenn auch zu den Bildern ein Artikel geschrieben wird – wie dieser –, der für die Kinder plädiert und für die Eltern, so sind damit doch nicht im geringsten die Verhältnisse schon verändert, derenwegen Eltern und Kinder diskriminiert werden.

Mein schönster Traum

In einer siebten Sonderschulklasse wurde ein Aufsatz geschrieben: »Mein schönster Traum.« Viele Kinder konnten diesen Aufsatz gar nicht schreiben, konnten ihre Träume nur erzählen. Alle Kinder schrieben oder erzählten Angstträume. Von wilden Tieren, die sie hetzten, von fremden Kindern, die sie jagten, von unheimlichen Mächten, die sie bedrohten. Angstträume.

Die Aufnahmeprozedur

Die Umschulung von der Volks- auf die Sonderschule beginnt mit Drohungen. Wenn nicht von den Eltern, dann von den Lehrern. Z. B. so: Sehr geehrte Frau ... Die Schulleistungen Ihrer Tochter haben sich im letzten Halbjahr nicht gebessert. Besonders ihre Schularbeiten macht sie unvollständig, und man merkt dabei deutlich, daß ihr dabei keinerlei Hilfe zuteil wird. (Elternbeschimpfungen wegen mangelnder Hilfe bei Schularbeiten werden selbst dann gemacht, wenn zu Hause sechs, sieben, acht Kinder sind und jeder sich ausrechnen kann, daß Hilfe da schlechterdings unmöglich ist.) Wenn sich das nicht in der allernächsten Zeit gründlich bessert, werden wir nicht umhin können, Petra zur Aufnahme in eine Sonderschule vorzuschlagen. – Peng.

Wenn die Drohungen der Lehrer und die Schläge verzweifelter Eltern nichts nützen – nicht alle Lehrer drohen, nicht alle Eltern prügeln –, teilt der Klassenlehrer dem Schulleiter und den Eltern mit, daß er das Kind zur Überweisung an eine Sonderschule vorschlagen will. Dann werden die Eltern bestellt und, vorausgesetzt, daß sie kommen, wird versucht, deren Einverständnis zu erzielen. Dann wird das Kind in einer Sonderschule von ausgebildeten Sonderschullehrern getestet, geprüft, befragt.

Wie man sich noch drücken kann

Dann gibt es Tricks, wie Eltern ihr Kind noch der Umschulung in die Sonderschule entziehen können:

1. Man ist katholisch und schickt sein Kind auf eine katho-

lische Volksschule. Wenn es dann in der Gegend keine katholische Sonderschule gibt, ist es auf der katholischen Volksschule vor der Umschulung sicher. Man kann zu diesem Zweck auch schnell noch katholisch werden.

2. Oder: Man gibt sein Kind zu Verwandten auf dem Land, wo es noch keine Sonderschule gibt. Geht auch.
3. Oder: Man schickt sein Kind in Erholung – möglichst lange – und verweist anschließend auf gravierende Schulversäumnisse.
4. Schließlich: Man zieht um und schickt sein Kind auf eine andere Volksschule, und wenn es da wieder zu versagen droht, zieht man wieder um.

Ungefähr ein Drittel der Kinder, denen mit der Sonderschule schon gedroht worden ist, die von der Volksschule für die Sonderschule vorgeschlagen werden, geht nach allen Tests und Überprüfungsverfahren auf die Volksschule zurück. Wenn sie Glück haben, findet sich dann ein Lehrer, der sich die Mühe macht, herauszufinden, woran ihre Lernschwierigkeiten liegen. Vielleicht weil sie zu Hause nicht genug Schlaf kriegen oder weil sie mit ihrem Lehrer nicht können oder weil die Mutter arbeiten geht, weil der Lohn des Vaters nicht reicht, oder ...

Im Überprüfungsverfahren werden die Kinder auch einem Schularzt vorgeführt. Im Kreis Friedberg in Hessen gab es 1967 z.B. für 16000 Volks-, Real- und Sonderschüler einen Schularzt, vielleicht sind es jetzt schon zwei für 16000 Kinder.

44 Prozent zuviel Hilfsschulkinder

Eine Reihen-Untersuchung bei 1620 Hilfsschulkindern von 6 großen Hilfsschulen in Rheinland-Pfalz ergab, daß 44,4 Prozent der untersuchten Kinder an mittel- bis hochgradigen Hör- und Sprachstörungen leiden, daß eine große Zahl der überhaupt erst bei dieser Untersuchung entdeckten Schäden dringend behandlungsbedürftig ist. Daß diese Kinder überhaupt nicht hilfsschulbedürftig sind, sondern krank, daß ihre Krankheit sie lernbehindert gemacht hat, mangelnde ärztliche

Versorgung ihnen Drohungen, Schläge, soziale Diskriminierung eingebracht hat.[3]

Der Schulrat schließlich entscheidet, ob das Kind auf die Sonderschule überwiesen wird oder nicht. Wenn es soweit ist, sind sie schon Sitzenbleiber, haben sie die Nase von der Schule schon voll, sind schon gedemütigte, enttäuschte, verzweifelte, traurige Kinder. Die Sonderschule erlöst sie dann oft von der gröbsten Schulnot. (Ingeborg Kaufmann[4] zitiert Äußerungen von Sonderschulkindern über ihre Volksschulerfahrungen: Da sagten die: Begreif dat doch endlich – und dann wußt ich doch nichts. – Da muß man alles direkt können. – Da bleib ich ja doch immer sitzen. – Die Fräulein in der Volksschule sind alle so frech. – Weil se einem in der Volksschule immer verhauen. – Die sind ja auch mit so viel Kindern in der Klasse. –) Von der sozialen Diskriminierung, von der Angst der Eltern, von Schlägen, von der Verachtung der Umwelt kann die Sonderschule ihre Kinder nicht befreien. Die Ursachen dafür liegen tiefer, sind schulisch allein nicht zu beseitigen.

Die Herkunft von Hilfsschulkindern

Hilfsschulkinder sind Arme-Leute-Kinder. Lehrer wie Eltern von Sonderschulkindern empfinden diese Behauptung als Kränkung. Armut gilt als Folge persönlichen Versagens. Die Feststellung ihrer Armut wird als Vorwurf, als Beleidigung empfunden. Zumal sie über die Statussymbole der Konsumgesellschaft oft sehr wohl verfügen. André Gorz spricht vom »Elend im Überfluß«[5]: »Elendshütten mit Fernsehgeräten und eigenem Fahrzeug; Analphabetismus im eigentlichen und im übertragenen Sinn und Transistorradios; mangelnde landwirtschaftliche Ausrüstung und Autobahnen; große Wohnblöcke ohne Hygiene, Belüftung und Sonne und daneben Kaufhaus-Kathedralen etc.«

Die Armut dieser Familien ist durch Konsum nicht aufhebbar. Sie besteht in Kinderreichtum, beengten Wohnverhältnissen, ungelernter Arbeit, Unbildung. Sie äußert sich bei den Kindern in Ungepflegtheit, Unpünktlichkeit, Unausgeschlafenheit, mangelnder Ernährung, mangelnder Nestwärme,

Lernbehinderung. Die Schule doktert an der Lernbehinderung der Kinder herum, versucht ihnen durch pädagogische Methoden, auch durch Freundlichkeit, manchmal durch individuelle Zuwendung das bißchen Wissen einzutrichtern, aufgrund dessen sie theoretisch befähigt sein könnten, eines Tages in den Arbeitsprozeß einzutreten. Die Ursache ihrer Lernbehinderung, ihrer Armut hebt sie nicht auf, geht sie nicht an.

Die Eintragungen von Lehrern in die Schulbögen der Kinder spiegelt die Hilflosigkeit der Lehrer gegenüber dem gesellschaftlichen Phänomen der Armut dieser Kinder.

Helmut K.: 5 Geschwister, er selbst der zweite. Vater: Arbeiter. Wohnung: Zwei Zimmer mit Küche in einer Baracke, Toilette übern Hof. Linkshänder. Geburtsdatum unbekannt. Ermahnungen und Schimpfen läßt er über sich ergehen, kümmert sich aber nicht darum. Intelligenzquotient 85. Kommt mit Geschwisternamen durcheinander.

Norbert C.: Vater Platzarbeiter. 6 Geschwister, 2 ältere, 4 jüngere. Geordnete Verhältnisse. Familie der Fürsorge bekannt. Noch ein Bruder besucht die Hilfsschule. Ratlos, unsicher, ängstlich. »Angeborene Unausgeglichenheit.«

Sieglind Q.: Vater Heizer. Viele Geschwister, sie selbst ist die jüngste. Sie wurde zwei Jahre zu spät zur Schule angemeldet. Ungepflegt. Ihre Fingernägel sind lang und haben breite schwarze Ränder. Sieglind stammelt.

Karlheinz D.: Vater Schmied. Von 6 Kindern das dritte. Kommt oft zu spät, wegen Besorgungen für die Mutter. Seine Hausaufgaben macht er regelmäßig und gewissenhaft, aber auch verraten Fettflecke und Schmutz in den Heften ein unordentliches Zuhause. Ebenso lassen Körper- und Kleidungspflege stark zu wünschen übrig. Trotz dieser Vernachlässigungen macht Karlheinz einen zufriedenen, fast glücklichen Eindruck, da er bescheiden und anspruchslos in seinem Wesen ist. Sitzenbleiber.

Dieter T.: Vater Kraftfahrer. Kommt oft zu spät. 8 Kinder zu Hause. Straßenkind. Ungepflegt. Fehlt sonnabends immer. Das 9. Kind ist unterwegs. Braucht dringend häusliche Hilfe bei den Schularbeiten.

Von den 17 Kindern dieser Klasse sind 8 aus kinderreichen Familien, 4 aus unvollständigen Familien, wo die Mütter unehelich oder geschieden sind, 3 kommen aus vermurksten Ehen, wo der Vater säuft, die Mutter gewerblich oder gelegentlich auf den Strich geht. Zwei kommen aus sogenannten normalen, geordneten Verhältnissen.

In allen Hilfsschulklassen gibt es diese zwei/drei Kinder, die aus intakten Verhältnissen kommen. Das sind immer Kinder, die irgendwann mal krank waren, deren Lernbehinderung als Folge physischer Krankheit diagnostizierbar ist.

Aus dem Jahresbericht einer Sonderschule

Die sozialen Verhältnisse, aus denen unsere Schüler kommen, sind zum Teil recht entmutigend. Da es dem Kollegium weiterhin gelungen ist, den Kontakt zu den Eltern zu verbessern, konnte durch Fürsprache beim Jugendamt oder direkte Hilfe manche Notlage gelindert werden. Leider sind die Familienverhältnisse bei einem großen Teil unserer Schulkinder ungeordnet. Viele dieser Kinder werden in Situationen hineingezogen, die sich auf ihre seelische Entwicklung sehr hemmend auswirken müssen. 111 Kinder kommen aus kinderreichen Familien, 53 Kinder haben kein eigenes Bett. Die Berufstätigkeit der Mütter hat weiterhin zugenommen.

Es ist bezeichnend, daß die Schule die Verhältnisse, aus denen die Kinder kommen, »entmutigend« nennt, statt sie empörend zu finden. Entmutigend, d. h. man weiß nicht, wie man das ändern soll, man weiß nicht, was man angesichts dieser Verhältnisse tun könnte. Sicherlich leiden manche Sonderschullehrer mit ihren Kindern, leiden selber unter den Verhältnissen, die sie nicht durchschauen und analysieren gelernt haben. So greifen sie oft auf überkommene, eingefleischte Schemata zurück. So fand ich in einer Schülerbeurteilung über einen Zigeunerjungen folgende Bemerkung: Karl Hinze kommt aus einer Zigeunerfamilie. Daher besitzt er alle guten (sehr wenige) und alle schlechten (sehr viele) Eigenschaften dieser Rasse. Er ist faul, schwänzt die Schule, wann er will. Oft starrt er vor Dreck. Wir müssen ihn dann erstmal abschrubben lassen. Im übrigen ist er frech, oft faulschnäuzig, eben der ausgesprochene Zigeuner. Das ewige Lügen sei nur am Rande erwähnt.

Hier zeigt sich die Anziehungskraft faschistischer Erklärungen für gesellschaftliche Zusammenhänge, d. h. die Anziehungskraft nicht einfach nur brutaler, sondern vor allem auch eindeutiger Erklärungen. Bei dem Zigeunerkind beruft sich der Lehrer schlicht auf die »Rasse« des Kindes, im übrigen rekurieren die Lehrer vielfach auf erbbiologische Erklärungen, halten Asozialität und Lernbehinderung für angeboren und vererbt, so wie in den zitierten Schulbogen von »angeborener Unausgeglichenheit« oder dem bescheidenen und anspruchslosen »Wesen« eines Kindes die Rede ist. Das Versagen, nun auch der Sonderschule gegenüber diesen Kindern, wird wieder als Versagen des Kindes deklariert.

Das Samstag-Schwänzen

Einige Sonderschulen in Hamburg haben schon die 5-Tage-Woche eingeführt. Dafür ist Mittwochnachmittag Schule, an dem Tag gibt es auch ein warmes Mittagessen. Samstags fehlt in vielen Sonderschulen die halbe Schule. Nur die Lehrer müssen alle da sein. Die machen dann auch Elternbesuche und wollen denen ins Gewissen reden. Da kommt man hin und will sich beklagen, daß der Junge samstags nie kommt und erlebt, daß der Vater, das hörend, erstmal seiner Frau fürchterlich eine runter haut und sich dann entschuldigt und sagt, die Frau hätte schuld, und hoch und heilig verspricht, das würde nun anders – nun ja, nichts wird anders. Am nächsten Samstag fehlt der Junge wieder, wie immer.

Es gibt Kinder, die gehen gern zur Schule, die kämen auch samstags ganz gerne. Sie können nicht, weil die Eltern nicht können. Statt sich auf diese Eltern einzustellen, statt zur Kenntnis zu nehmen, daß eine Mutter von 5, 6, 7 und 8 Kindern, auch schon eine von drei oder vier, gerne mal ausschläft, wenn der Mann nicht zur Arbeit muß, daß da der Schlaf vielleicht einfach wichtiger ist als die Schule, auch für die Kinder, daß schließlich selbst viele Lehrer lieber samstags frei hätten (insbesondere die Lehrerinnen, die selbst Kinder haben), solche Bedürfnisse vermögen nicht berücksichtigt zu werden in einem System, das an Leistung, nicht an Bedürfnisbefriedigung interessiert ist.

Ganztagsschule und Fünf-Tage-Woche – für alle Kinder wünschenswert, für die Hilfsschulkinder lebensnotwendig –, das sind fromme Wünsche. Das würde ein Bauprogramm voraussetzen, an das nicht zu denken ist in einer Zeit, in der die Sonderschulen für Lernbehinderte ohnehin hinter dem allgemeinen Schulbau hinterherhinken. Beengte Uraltgebäude, die Schule gleich hinter der Kirche, das älteste Schulhaus am Ort – das sind meist die Hilfsschulen, Räume, die für Volksschulen zu schäbig geworden sind, sind für die Hilfsschulen noch gerade recht. Was beengte Raumverhältnisse aber bedeuten, das schildert anschaulich jener Schuljahresbericht, aus dem schon einmal zitiert wurde: Während des Winterhalbjahres mußte der Turnunterricht eingeschränkt werden, da unserer Schule für 10 Klassenverbände lediglich vier Doppelstunden zur Verfügung standen. Größere Schulfeiern konnten wegen des fehlenden Gemeinschaftsraumes nicht durchgeführt werden. Alle Feiern müssen im Treppenhaus abgewickelt werden. Das Treppenhaus ist für 180 Kinder denkbar ungeeignet. Beim gemeinsamen Singen ist der Sauerstoffmangel so groß, daß uns zwei Kinder während der Schulfeiern umfielen. Die Armut der Eltern reproduziert sich in den Schulverhältnissen. Die Lehrer sind mit betroffen. Der Witz, daß sie ja auch nur Hilfsschullehrer wären – »zu mehr hat es nicht gereicht« –, trifft durchaus einen realen Kern: Ihre Arbeitsbedingungen spiegeln den Stellenwert der Sonderschulen im Schulwesen, den Stellenwert der Hilfsschulkinder unter den Schulkindern, von Armut in dieser Gesellschaft.

Anmerkungen

[1] Ingeborg Kaufmann: Volks- und Sonderschule im Spiegel der Antworten von 362 lernbehinderten Sonderschülern. In: Praxis der Kinderpsychologie, Göttingen, Oktober 1966, S. 252 ff.

[2] Hildegard Hetzer: Kindheit und Armut, Leipzig 1937

[3] Deutsches Ärzteblatt 14. 10. 1967

[4] Ingeborg Kaufmann: Volks- und Sonderschule im Spiegel der Antworten von 362 lernbehinderten Sonderschülern. In: Praxis der Kinderpsychologie, Göttingen, Oktober 1966

[5] André Gorz: Zur Strategie der Arbeiterbewegung im Neokapitalismus, Frankfurt 1967

Nr. 5 und 6, 1969

Nachwort

Wie den Zusammenhang erklären, in dem die Kolumnen und Polemiken Ulrike Meinhofs erschienen?
Zuerst der direkte Zusammenhang: Das Blatt, in dem sie veröffentlicht wurden. 1955 von Klaus Rainer Röhl als »Das Plädoyer« gegründet, später in »Studentenkurier« umbenannt; ab Oktober 1957 heißt die Zeitschrift »konkret«, erscheint monatlich, auf grobem Papier, in einem riesigen Format und wandelt sich von einer lokalen Studentenpostille zu einem überregionalen kulturpolitischen Blatt, immer noch auf die Universitäten beschränkt, aber eben doch das einzige undogmatische Sprachrohr einer Linken, die sich zwar der SPD verbunden fühlte, zumindest ihrem linken Flügel, aber keineswegs von ihr abhängig machte, schon gar nicht mehr ab 1959, nach dem Godesberger Programm. Da hatte sich – aus Ostermarschierern und Kommunisten, aus Anti-Atomtodbewegung und linken Sozialdemokraten, aus Aufklärern, SDS und Radikalen – alles zusammengefunden, was den seit 1957 (absolute Mehrheit für Adenauer) etablierten CDU-Staat bekämpfte – Kulturmuff, Remilitarisierung, kruder Ökonomismus, Revanchismus, Minoritätenhetze. Es war die Zeit, in der Bert Brecht mit Horst Wessel verglichen wurde (vom Außenminister der BRD), in der Pläne eines Atomminengürtels an der Grenze zur »Sowjetzone« diskutiert wurden, in der Bundesminister die Rückeroberung der »deutschen Ostgebiete« forderten, in der tausende von Kommunisten verhaftet, Bücher beschlagnahmt und Filme zensiert wurden. Forum für die Kritik solcher Zustände war »konkret«, und das zugleich in einer Weite des Spektrums, die heute noch kaum begreiflich ist, umsomehr war sie es damals: Neben der Prosa Hans Henny Jahnns standen die Polemiken Kurt Hillers, neben den politischen Aufsätzen Klaus Rainer Röhls und Peter Rühmkorfs wartete Leslie Meier mit seinem »Lyrik-Schlachthof« auf die Erzeugnisse neuerer Benn-Epigonen, und neben ihm der Kritiker Johannes Fontara (beides Pseudonyme von Rühmkorf), Arno Schmidt stand neben Erika Runge und Robert Jungk, die ersten Reportagen von Günter Wallraff erschienen neben den antiklerikalen Glossen von Karlheinz

Deschner. Dies war der Kontext, in dem, seit 1959, die Aufsätze Ulrike Meinhofs erschienen.

Der zweite Zusammenhang, in dem die Texte Ulrike Meinhofs entstanden und in dem sie stehen, ist das Jahrzehnt etwa 1955 bis Mitte der sechziger Jahre – die eigentlich *konstitutive* Phase der Bundesrepublik. Ihr sichtbarstes (wenngleich nicht wichtigstes) Zeichen: das Verbot der KPD 1956 – womit die BRD sich bereits kurz nach ihrer Gründung in Gegensatz zu allen westeuropäischen Staaten setzte. Sie folgte damit den Wünschen der USA (und ihres unseligen Außenministers Dulles) ebenso wie mit der Wiederbewaffnung und der diskussionslosen Ablehnung des vom polnischen Außenminister Rapacki vorgelegten Plans einer neutralen Zone in Mitteleuropa – da war Adenauer wirklich (wie es der damalige SPD-Vorsitzende Schumacher ausdrückte) der »Kanzler der Alliierten«: dieser CDU-Staat legitimierte sich nicht, er stützte sich auf die Alliierten. Er übergab – wenn es opportun schien – den übelsten Nazis Ministerämter (Seebohm) oder Staatssekretärsposten (Globke), hetzte hemmungslos gegen die gesamte Linke (Wahlslogan der CDU in drei Wahlen: »Alle Wege des Sozialismus führen nach Moskau«) und spekulierte (mit einem anderen Slogan: »Keine Experimente«) auf eine eher monarchistische denn republikanische Sehnsucht nach Ruhe und Ordnung. Um den Preis einer Lähmung der öffentlichen politischen Diskussion. Mögen wir uns heute an eine Regierung gewöhnt haben, die redet und argumentiert, die Vermittlungen kennt – die Linke der fünfziger Jahre hatte es mit einer sprachlosen, unverfrorenen, statischen Macht zu tun. Die Waffe der Kritik war ihr gegenüber fast immer stumpf; denn diese Macht ließ sich in keine Rede verwickeln.

Die frühen Texte Ulrike Meinhofs sind daher *auch* Dokumente eines Dilemmas: Wie kommt man mit dem Wort Verhältnissen bei, in denen das Wort nichts gilt? Gegenüber solch (vorrepublikanischer) »Antiquiertheit« der frühen Bundesrepublik nehmen die Kolumnen denn auch – fast einzigartig im Nachkriegsdeutschland – die Schärfe und Radikalität eines großstädtischen Journalismus der Weimarer Zeit wieder auf, der sich als unerbittliches Korrektiv der Macht begriff (ob mit Wirkung oder nicht), zugleich aber der Selbstverständigung der Linken diente. Und so lassen sich die Kolumnen Ulrike

Meinhofs auch heute noch lesen: als Versuch (und zwar erfolgreich, ebenso erfolgreich wie »konkret«, das in seiner besten Zeit eine Auflage von mehr als 200000 Exemplaren hatte) der Selbstverständigung einer Linken, die sich beharrlich aus dem Abseits herausarbeitete. Sie lassen sich lesen als eine Geschichte der verpaßten Möglichkeiten der Bundesrepublik, als Portrait einer Erstarrung, aber auch als eine Geschichte der politischen Wende, als Geschichte einer selbstbewußt werdenden Linken.

Diese Geschichte einer immer »außerparlamentarischer« werdenden Linken läßt sich an den Texten Ulrike Meinhofs sehr genau nachprüfen: Zu Beginn noch das Vertrauen in die SPD als »wirkliche Opposition«, auf den »Sieg der Kräfte der Vernunft«, auf ein »sehr pragmatisches, unideologisches und unsentimentales« politisches Handeln. Allerdings werden hier bereits schon die Grundzüge des späteren Dissens erkennbar, in der Kritik einer CDU-Regierungspolitik, die dann eine spätere SPD in vielen Punkten übernahm: Wiederaufrüstung, atomare Bewaffnung, Vietnam (schon 1962), bedingungslose Integration Westdeutschland in das Bündnis mit den USA (bereits 1963: »Es ist an der Zeit, daß die deutsche Bundesrepublik von ihrer vor acht Jahren erlangten Souveränität souverän Gebrauch macht«), der »totale Rechtsstaat«, dessen Kulmination dann die von der CDU ein Jahrzehnt lang geforderten und geplanten, am Ende von einer »Großen Koalition« mit den Stimmen der SPD beschlossenen Notstandsgesetze. Die damalige – sehr weitsichtige – Schlußfolgerung Ulrike Meinhofs: »Atomare Aufrüstung und Auflösung der Demokratie bedingen einander zwangsläufig, Massenvernichtungsmittel und Terror gehören zusammen.«

Gleichwohl: die Linke – auch das spiegelt sich in den Texten Ulrike Meinhofs – radikalisierte sich sehr zögernd. Aus der nur argumentierenden Opposition wurde eine, die die »Regeln des Anstands« verletzte, und aus ihr eine Bewegung der Argumentation *und* der Aktion. Dieser letzte Schritt gilt heute vielen als abenteuerlicher Dezisionismus, de facto war er aber aufgezwungen: Die fundamentale Opposition besaß die besseren Argumente, war die einzige Gruppierung, die auf einer wirklichen Alternative bestand, aber sie war von den Entscheidungen ausgeschlossen. Sie radikalisierte sich nicht nur, weil ihre Stimme kein Gehör fand, sondern auch weil es in der Logik ihres Engagement lag, das realistische, »machbare« Alternativen forderte.

Als die SPD 1966 ihren Zutritt zur Staatsmacht über eine »Große Koalition« erkaufte, war dann die fundamentale Opposition stark genug, dies nicht mehr nur kommentierend hinzunehmen: Sie nahm sich die Straße und verschaffte ihrem Protest eine bisher ungeahnte Öffentlichkeit. Das, was in den Jahren zuvor argumentativ vorbereitet worden war, lag jetzt buchstäblich auf der Straße: der mörderische Krieg in Vietnam, die Notstandsgesetze als potentielle innerstaatliche Zwangsmaßnahme (»Oppositionelle Massen können in Zukunft, wie in Ungarn, zusammengeschossen werden«), die Springerpresse als Instrument der Entmündigung und Verdummung – es war das Verdienst der außerparlamentarischen Opposition, daß dies *öffentliche* Themen wurden.

Und das in einer Weise, die bis dahin in der Bundesrepublik unerhört und undenkbar gewesen war: Politik – bislang als das betrachtet, was in Bonn und in den Parteizentralen dafür gehalten wurde – wurde plötzlich von den Leuten im Freien diskutiert (natürlich kontrovers), wurde alltäglich und begann damit auch die (in Deutschland) althergebrachte Trennung zwischen »privat« und »öffentlich«, zwischen Innen und Außen aufzuweichen. Auch hier waren Ulrike Meinhofs Kolumnen exemplarisch. Als es noch üblich war, ausschließlich »Grundsatzfragen« in der Politik zu diskutieren und die Probleme an den Rändern der Gesellschaft bestenfalls als Randprobleme zu betrachten, da wies sie bereits auf die Unteilbarkeit einer Humanität in der Politik hin, die zur Lüge wird, wenn sie nur in der gemütlichen Mitte bleibt. Der Bericht über Jürgen Bartsch – ein großes Stück deutscher Literatur, das so schnell nicht in deutsche Lesebücher kommen wird – zeigt diese deutsche Misere, zeigt, wie unsere fast kollektive Unfähigkeit, dem Individuum eine Chance zu geben, auf den Einzelnen durchschlägt, ihn entmündigt, jeder Alternative beraubt und am Ende zum aggressiven Opfer macht. Die Kolumnen dieser Zeit halten einen wichtigen Moment fest: den Moment, in dem »Politik« ihre Abstraktheit verliert, in dem »Politik« und »Persönliches« noch zusammengedacht wurden, eine Stärke der Linken, die später verlorenging.

Das erklärt auch den dringlichen, entschiedenen, zuweilen fast gehetzten Ton der letzten Kolumnen Ulrike Meinhofs: Es schien ihr – wie vielen von uns –, daß keine Zeit mehr zu verlieren sei, wo doch offensichtlich die Regierung (und – es waren Zeiten der Selbstkritik – von ihr auch zugegeben!) viel Zeit verloren hatte. Als es aber daran ging, die kritisierten Verhältnisse real zu ändern, da stieß die Argumentation der außerparlamentarischen Opposition an die Grenzen der Duldsamkeit des Staates, seiner Organe, auch an die Grenzen der liberalen Meinungsmacher. In den letzten Texten des Bandes läßt sich nachlesen, wie der Protest der Jugend vor die Wahl gestellt wurde: Kapitulation oder Marginalisierung. Wie der Impuls von der Gesellschaft *nicht* aufgenommen wurde. Und es läßt sich nachlesen, in welch verzweifelte Lage dadurch eine entschiedene politische Moral geriet, die im Zurückstecken nur Niederlage oder Verrat hätte sehen können. Die Kolumnen Ulrike Meinhofs brechen dort ab, wo die außerparlamentarische Linke von der Zähigkeit und Unbelehrbarkeit der deutschen Verhältnisse eingeholt wurde.

Klaus Wagenbach

Lebensdaten Ulrike Meinhofs

geboren am 7. 10. 1934 in Oldenburg.

1939 verliert sie den Vater, 1948 die Mutter durch Krebstod. Sie wächst unter der gesetzlichen Vormundschaft der Historikerin Prof. Renate Riemeck auf.

Studium der Philosophie, Pädagogik, Soziologie und Germanistik in Marburg, Münster, Hamburg.

Mitkämpferin der Anti-Atomwaffen-Bewegung der Jahre 1958/59. 1959 bis 1969 Mitarbeiterin der Hamburger Zeitschrift »konkret«, von 1962 bis 1964 als Chefredakteurin.

Von Dezember 1961 bis März 1968 mit Klaus-Rainer Röhl verheiratet. Aus dieser Ehe hat Ulrike Meinhof zwei Kinder.

Im Frühjahr 1968 siedelt sie von Hamburg nach Berlin über. Tätigkeit als freie Journalistin und Lehrbeauftragte an der FU Berlin.

Nach der Befreiung des Kaufhausbrandstifters Andreas Baader am 14. 5. 1970 lebt sie im Untergrund.

Am 15. 6. 1972 wird sie festgenommen.

Bis 1974 unterliegt sie in Köln-Ossendorf besonders scharfen Haftbedingungen. Verlegung nach Stuttgart-Stammheim.

21. Mai 1975 Prozeßbeginn.

8. Mai 1976 Tod in Stammheim.

Ulrike Marie Meinhof und die deutschen Verhältnisse